Itsensä kehittämisen, menestyksen ja onnellisuuden pieni kirja

Hannu Pirilä

Itsensä kehittämisen, menestyksen ja onnellisuuden pieni kirja

Hyödyllisiä ajatuksia, joiden avulla saat oivalluksia ja ideoita parempaan ja onnellisempaan elämään

Toinen painos

Kuvitus: Hannu Pirilä
Taitto: Hannu Pirilä

Kustantaja: BoD™ – Books on Demand, Helsinki, Suomi
Valmistaja: Books on Demand GmbH, Norderstedt, Saksa
ISBN: 9789528022879

Esipuhe

On kunnia saada kirjoittaa Hannu Pirilän esikoiskirjaan esipuhe – vaikkakin tilanpuutteen vuoksi hyvin lyhyt sellainen.

Olen tuntenut Hannun jo yli kymmenen vuoden ajan. Hannu on mm. toiminut yrityksessäni liiketoimintani konsulttina ja mentorina sekä myös henkisenä valmentajanani valmistautuessani eri kamppailulajien kilpailuihin. Vuosien varrella meistä on tullut hyviä ystäviä ja yhteistyökumppaneita. Olemme myös istuneet iltoja yhdessä ja "parantaneet maailmaa."

Minua on aina kiehtonut Hannun halu auttaa ihmisiä tekemään elämässä enemmän niitä asioita, jotka ovat heille tärkeitä. Olen nähnyt myös, kuinka Hannu itse on ottanut rohkeita askelia siirtyen hyvin palkatusta työstä yrittäjäksi ja jättänyt hyvin hallitsemansa hotellialan konsultoinnin vähemmälle.

Hannu tekee elämässään niitä asioita, jotka hän kokee tärkeiksi ja joihin todella uskoo. Monissa keskusteluissamme mieleeni on jäänyt, kuinka Hannu haluaa auttaa nimenomaan yksittäisiä ihmisiä ja pieniä yrityksiä saavuttamaan heille tärkeitä tavoitteitaan.

Olen lukenut Hannun kirjan moneen kertaan ja voin ilokseni todeta, että sen sisältö on aidosti Hannun näköinen. Toivon jokaisen, joka kirjan käsiinsä saa, lukevan sen avoimin mielin ja löytävän siitä Hannun meille luovuttamat menestyksen avaimet ja ottavan ne myös käyttöön.

Haluan onnitella Hannua tästä ytimekkäästä itsensä kehittämisen, menestyksen ja onnellisuuden pienestä kirjasta. Annan myös suurta arvostusta sitä kohtaan, että kaiken muun työn ohella hän on ottanut aikaa kirjoittaakseen tämän kirjan.

Tuokoon tämä kirja meille selkeyttä ja valoa suunnatessamme elämäämme kohti tulevaisuuden tavoitteitamme ja suuria seikkailuja!

Helsingissä 3.1.2013

Timo Räkköläinen
Helsingin Itsepuolustuskoulu Oy, Hipko
Toimitusjohtaja ja pääopettaja

Alkusanat

Tutustuin itsensä kehittämiseen – tai henkilökohtaiseen kehittymiseen, miten vain haluat – lähes pari vuosikymmentä sitten, kun silloinen tyttöystäväni antoi luettavakseni sellaisia kirjoja kuin Stephen R. Covey:n The Seven Habits of Highly Effective People (suomeksi Tie menestykseen), M. Scott Peckin The Road Less Traveled ja James Redfieldin The Celestine Prophecy (suomeksi Yhdeksän oivalluksen tie).

Siitä lähtien kiinnostukseni itseni kehittämiseen ja elämän henkiseen puoleen on kasvanut asteittain aina siihen, mitä se on minulle tänä päivänä, eli ammattini.

Tänä päivänä itsensä kehittäminen ja henkisyys tarkoittavat minulle jatkuvaa itseni kehittämistä elämän eri osa-alueilla. Olen suorittanut mm. sellaisia tutkintoja kuten eMBA (executive Master of Business Administration), Licensed Trainer of NLP™, Licensed Master Practitioner of NLP™, Licensed NLP™ Coach, Licensed Business NLP™ Practitioner, Licensed LAB Profile™ Practitioner ja Licensed Sports Performance Coach™.

Eräänlaisena oheistuotteena itseni kehittämisen lomassa olen kerännyt huiman määrän tietoa ja osaamista, jota voin hyödyntää myös muiden ihmisten auttamiseen. Tämän vuoksi olenkin nykyään ammatiltani konsultti, coach ja kouluttaja, joka auttaa yrityksiä ja yksittäisiä henkilöitä saavuttamaan haluamiaan tuloksia. Useimmiten tämä tarkoittaa menestyksen ja onnellisuuden saavuttamista – miten ne itse kukin sitten määritteleekään.

Eräs tapa, jolla autan ihmisiä, on työssäni kohtaamistani asioista kirjoittaminen ja jakaminen internetissä artikkeleiden ja blogien muodossa. Tällä tavoin pystyn antamaan neuvoja ja ajatuksia ihmisille, jotka sen kaltaista tietoa etsivät. Mutta tämä auttaa toisaalta myös itseäni, sillä kirjoittamalla ajatukseni ylös, selkeytän omaa ajatteluani ja saan jäsenneltyä asiat mielessäni paremmin.

Tämä pieni kirja perustuukin itse asiassa joihinkin artikkeleihini ja blogeihini, joita voi löytää eri puolilta internetiä. Olen kuitenkin muokannut alkuperäisiä tekstejä jonkin verran tätä kirjaa varten yleisen luettavuuden parantamiseksi sekä lisätäkseni tietoa tai muuten vain parantaakseni sen sisältöä. Olen koonnut tähän kirjaan tärkeimpiä ja hyödyllisimpiä ajatuksiani tai ideoitani, joiden avulla toivon sinun kykenevän tekemään elämästäsi hieman paremman ja onnellisemman, oli elämäsi tällä hetkellä sitten kuinka hyvää tai huonoa, onnellista tai onnetonta, tahansa. Jos siis saat tästä kirjasta yhdenkin elämääsi parantavan oivalluksen, on kirja mielestäni ollut kirjoittamisen arvoinen.

Koska halusin tehdä tästä kirjasta helposti ymmärrettävän ja helppolukuisen, olen pyrkinyt esittämään ajatukseni mahdollisimman tiivistetysti. Tämä tarkoittaa toisaalta sitä, että monet asiat jäävät vaille sen syvempiä selityksiä tai pohdintoja, mutta toisaalta se antaa mahdollisuuden sinulle lukijana saada ideoita ja inspiraatiota itse lähteä tutkimaan omaa tietäsi itsesi kehittämiselle.

On tärkeää myös ymmärtää, että et voi millään saada kokonaiskäsitystä siitä, mitä itsensä kehittäminen kaiken kaikkiaan on lukemalla vain yhden aihetta käsittelevän kirjan tai osallistumalla yhteen seminaariin tai koulutukseen. Itsensä kehittäminen on koko elämän kestävä matka, joka edellyttää jatkuvaa opiskelua, uteliaisuutta sekä avoimuutta uusia ajatuksia ja ideoita kohtaan. Olen lukenut lukemattoman määrän kirjoja ja opiskellut kymmeniä kursseja ja seminaareja. Jokaisesta kirjasta, kurssista, koulutuksesta ja seminaarista olen aina saanut jotain uutta, joka on syventänyt tietomäärääni ja osaamistani. Ja joka ikinen kerta olen inspiroitunut olemaan yhä parempi siinä, mitä todella rakastan tehdä työkseni.

Niinpä toivonkin, että tämä kirja antaisi sinulle edes pienen sykäyksen selvittää mitä todella haluat, mikä on intohimosi, ja että saavutat sen menestyksen ja onnen, joka sinua odottaa ja joka sinulle kuuluu.

Luen myös mielelläni kokemuksistasi, ajatuksistasi ja oivalluksistasi, joita saat kirjaa lukiessasi. Voit lähettää minulle sähköpostia alla olevaan osoitteeseen.

Nautinnollisia ja inspiroivia lukuhetkiä toivottaen,

Tammikuussa 2013

hannu@mentaalivalmennus.fi tai hannu@hpaconsulting.fi
www.mentaalivalmennus.fi • www.hpaconsulting.fi •
www.hannupirila.com

Toisen painoksen alkusanat

Kuten yllä olevan ensimmäisen painoksen alkusanoissa totean, itsensä kehittämisen tulee mielestäni olla jatkuvaa ja koko elämän mittaista. Niinpä minäkin olen (ainakin omasta mielestäni) kehittynyt melko lailla runsaasti näiden seitsemän vuoden aikana, jotka kirjan ensimmäisen painoksen julkaisemisesta ovat kuluneet.

Matkan varrella olen lukenut suuren määrän kirjoja, käynyt lukuisissa seminaareissa ja suorittanut mm. Clinical Hypnotherapist -diplomin International College of Clinical Hypnotherapy:ssa Lontoossa. Olen myös kehittänyt itseäni jatkuvasti NLP:n, neuro-lingvistisen ohjelmoinnin, saralla mm. toimimalla säännöllisesti NLP:n kehittäjän Dr. Richard Bandlerin seminaareissa avustavien kouluttajien tiimissä Lontoossa ja Orlandossa.

Tässä välissä olen julkaissut myös kaksi uutta kirjaa, *Oma sininen meresi* sekä *NLP ja parempi elämä*, jotka molemmat sisältävät myös harjoituksia ja NLP-tekniikoita haluamiesi muutosten tekemiseksi.

Koska olen kokenut kehittyneeni näinä vuosina, koin myös, että on aika päivittää hieman tätä kirjaa. Mitään suuria muutoksia en ole tehnyt ensimmäisen painoksen teksteihin, joitain pieniä päivityksiä kuitenkin. Sen sijaan olen lisännyt tähän toiseen painokseen pari uutta lukua, jotka olen kokenut tärkeiksi tuoda tähän kirjaan. Samalla kirjan sivumäärä on hieman kasvanut, mutta mahtunee silti vielä nimen mukaiseen pienen kirjan kategoriaan.

Innostavia lukuhetkiä tämän toisen painoksen parissa toivottaen,

Maaliskuussa 2020

Hannu Pirilä

Itsensä kehittäminen avaimena menestykseen

Jotta voisimme tarkastella itsensä kehittämisen merkitystä osana kokonaisvaltaista menestystämme elämässämme, meidän lienee syytä ensin määritellä hieman, mitä itsensä kehittämisellä oikeastaan tarkoitetaan. Minun näkemykseni mukaan itsensä kehittäminen on mm.:

- kasvamista tiedostavana ihmisenä

- toimintoja, jotka parantavat itsensä tuntemista ja identiteettiä

- lahjakkuuksien ja potentiaalin kehittämistä

- henkisen pääoman ja työllistymiskyvyn kasvattamista

- elämänlaadun parantamista

- unelmien ja pyrkimysten toteuttamista

- oman itsensä kehittämisen lisäksi se pitää sisällään myös sekä muodollisia että epämuodollisia toimia muiden kehittämiseksi

- instituutioiden yhteydessä se viittaa metodeihin, ohjelmiin, työvälineisiin, tekniikoihin ja arviointivälineisiin, jotka tukevat ihmisten kehittymistä yksilötasolla organisaatioissa

- (kovaa) työtä, joka vaatii itsekuria, päättäväisyyttä, johdonmukaisuutta, kärsivällisyyttä, aikaa, rohkeutta, rakkautta ja anteeksiantamista

- onnellisuuden tunteen lisääntymistä

Tarkastellaanpa sitten hieman tarkemmin muutamia yllämainituista asioista ja niiden suhdetta menestykseen.

Itsensä tuntemisen ja identiteettinsä parantaminen tarkoittaa, muun muassa, että tulet enemmän tietoiseksi siitä, kuka olet ja mitä haluat. Menestymisen kannalta on välttämätöntä, että tiedät mitä haluat ja millä osa-alueilla sinun tulee kehittyä saavuttaaksesi tavoitteesi.

Jos olet jo saavuttanut menestystä, et voi jäädä paikoillesi, mikäli haluat pysyä menestyksekkäänä. Maailma ja ihmiset ympärillämme kehittyvät jatkuvasti. Niinpä myös sinun on jatkuvasti kehitettävä omia lahjakkuuksiasi ja potentiaaliasi edelleen. Muussa tapauksessa menestyksesi jää mitä todennäköisimmin lyhytaikaiseksi.

Tavoitteistasi riippuen, tarvitset jatkuvaa kehittymistä useilla elämän osa-alueilla, et vain yhdellä. Näitä osa-alueita voivat olla mm. terveys, varallisuus, ihmissuhteet, tunne-elämä, tavat ja tottumukset sekä uskomukset, muutamia mainitakseni. Esimerkiksi hyvä terveys mahdollistaa sen, että kykenet tekemään asioita, joita haluat. On itsestään selvää, että pystyt tekemään paljon enemmän asioita terveenä kuin makaamalla sairaana vuoteessa. On myös selvää, useimmissa tapauksissa, että voit saavuttaa enemmän ja vapauttaa itsesi monista huolista, mikäli taloutesi on tasapainossa. Selvää on myös se, että kykenet saavuttamaan enemmän, mikäli sinulla on terveitä ihmissuhteita ja kannustavia ja rakastavia ihmisiä ympärilläsi.

Auttamalla myös muita ihmisiä kehittymään, itsesi kehittämisen ohella, saat lopullisen tehosteen menestymisellesi. Vanha sanonta ”minkä taakseen jättää, sen edestään löytää” pätee myös tässä suhteessa varsin hyvin. Auttamalla muita ihmisiä menestymään varmistat sen, että he puolestaan auttavat vastavuoroisesti mielihyvin sinua. On nimittäin huomattavasti vaikeampaa – ja monissa tapauksissa jopa mahdotonta – saavuttaa menestystä aivan yksin. Et voi olla mestari kaikessa, eikä sinun tulisi edes yrittää olla. Keskity siihen, että teet ne asiat hyvin, joita haluat kaikkein mieluiten itse tehdä ja anna muiden ihmisten auttaa sinua niissä asioissa, joita he haluavat tehdä. Auta muita kehittämään itseään ja he auttavat vastaavasti sinua kehittämään itseäsi. Se on eduksi kaikille.

Lopuksi, ymmärrä se, että pitkäkestoinen menestys vaatii työtä. Joskus saattaa jopa vaikuttaa siltä, että se vaatii kovaa työtä. Mutta kun olet löytänyt sen, mitä todella rakastat tehdä, työnteko ei enää tunnu lainkaan niin raskaalta. Se vaatii kuitenkin myös itsekuria, jotta pysyt keskittyneenä tavoitteisiisi. Se vaatii päättäväisyyttä, sillä tulet kohtaamaan paljon ihmisiä, jotka yrittävät saada sinut luopumaan unelmastasi. Se vaati johdonmukaisuutta, sillä tulet kohtaamaan kaikenlaisia vastoinkäymisiä matkan varrella ja sinun tulee johdonmukaisesti työstää tiesi niiden läpi tai ohi. Se vaatii kärsivällisyyttä, sillä mitä suurempi unelmasi on, sitä enemmän sen toteutuminen todennäköisesti vie aikaa. Se vaatii rohkeutta, sillä olet matkalla kohti jotain sinulle ennestään tuntematonta. Ja, ehkä kaikista eniten, se vaatii anteeksiantamista, sillä sinun tulee antaa anteeksi itsellesi kaikki ne virheet, joita olet tehnyt ja joita tulet tekemään. Sinun tulee myös antaa anteeksi muille, jota ovat satuttaneet sinua, jotta voit jatkaa elämässäsi eteenpäin puhtain mielin.

Kaikkea yllä mainittua tulet tarvitsemaan matkallasi kohti todellista menestystä.

Kuinka löytää aito onnellisuus?

Olen tutkinut ja opiskellut menestystä ja onnellisuutta nyt jo useiden vuosien ajan ja olen tullut siihen tulokseen, että nuo kaksi asiaa kulkevat monellakin tapaa käsi kädessä. Ehkä paras löytämäni määritelmä kuvaamaan menestystä on Deepak Chopran määritelmä:

> *"Menestys elämässä voitaisiin määritellä onnellisuuden jatkuvaksi laajentamiseksi ja arvokkaiden tavoitteiden progressiiviseksi toteen käymiseksi… Ennen kaikkea, menestys on matka, ei päämäärä."*

Ymmärrä siis, että sinä määrität, mitä menestys on juuri sinulle. Mikä saa sinut onnelliseksi? Huomaa, että se, mikä saa sinut onnelliseksi on arvokkaiden tavoitteiden progressiivinen toteutuminen. Ja sinä päätät mitkä tavoitteet ovat sinun arvoisiasi.

Käytät koko ajan aikaasi johonkin. Ehkä käytät aikaasi työhön. Käytätkö kenties 40 tuntia viikossa elämästäsi saadaksesi rahaa työnantajaltasi? Jos työ, jota teet, saa sinut onnelliseksi, jos todella rakastat työtäsi, niin olet oikeilla jäljillä. Kysymys kuitenkin kuuluu: "Onko tämä työ, ja raha, jonka ansaitsen sitä tekemällä, aikani ja elämäni arvoista?"

Eli, asian ydin todellakin on: Mikä on sellainen tavoite tai päämäärä, joka on sinun arvoisesi? Mihin olet halukas vaihtamaan elämäsi? Kun löydät vastauksen noihin kysymyksiin, tiedät yhden tärkeimmistä tekijöistä, joka saa sinut onnelliseksi.

Nyt huomaa, että sanoin "tiedät mikä saa sinut onnelliseksi," en "sinä olet onnellinen." Se, mikä saa sinut onnelliseksi on se sinun arvoisiesi tavoitteiden progressiivinen toteutuminen. Toisin sanoen: se matka kohti sinun arvoisiasi päämääriä.

Tämä siis tarkoittaa sitä, että aito ja kestävä onnellisuus on se jatkuvasti kasvava positiivinen tunne, joka tulee siitä, kun etenet kohti päämäärää, joka on sinun arvoisesi.

Huomaa kuitenkin, että sinulla on aina mahdollisuus valita:

"Sovittele itsesi juuri nyt jompaankumpaan kahdesta toiminnan suunnasta: joko sinä olet halukas – jopa innokas – maksamaan sen hinnan, jonka haluamasi asia maksaa, ja sitten maksaa se. Tai sitten hyväksy se seikka, että et saavuta haluamaasi lopputulosta ja ole tyytyväinen nykyiseen tilanteeseesi."
- Bill Harris

Toisin sanoen: Voit itse valita, oletko tyytyväinen, jopa onnellinen, sen suhteen, mitä sinulla on – ja tavallaan sinun tulisikin olla. Juttu on kuitenkin siinä, että, kuten Deepak Choprakin, uskon, että liikkumalla jatkuvasti kohti aina vain suurempaa täyttymystä elämässäsi, annat onnellisuutesi jatkaa kasvuaan.

Olen hyvin tietoinen siitä, että tuo kaikki voi tuntua alkuksi melko hämmentävältä ja jättää auki useita kysymyksiä, kuten: "Kuinka löydän tavoitteen tai päämäärän, joka on minun ja elämäni arvoinen?" tai "Mistä tiedän, että eteneminen kohti tuota päämäärää tekee minut onnelliseksi?"

Valitettavasti noihin kysymyksiin ei ole olemassa yksiselitteisiä vastauksia. Minä uskon, että meillä kaikilla on oma uniikki tarkoituksemme tässä maailmassa ja että meidän kaikkien tulee itse löytää se. On kuitenkin olemassa tekniikoita, jotka voivat auttaa sinua löytämään sen.

Yksi tapa päästä alkuun on kirjoittaa paperille 30 asiaa, joita haluat saada, tehdä tai olla. Ala vain kirjoittaa niitä ylös. 30 asiaa. Kun olet tehnyt sen, sinun tulee priorisoida ne. Laita ne siis todellakin tärkeysjärjestykseen yhdestä kolmeenkymmeneen. Tämän tehtyäsi ota kolmesta viiteen tärkeintä asiaa listaltasi ja kirjaa ylös miksi haluat saada/saavuttaa nuo asiat.

Tuon harjoituksen pitäisi auttaa sinua ainakin jollain tapaa eteenpäin ja suosittelen, että todellakin teet sen. Ylivoimaisesti parhaat tekniikat arvoistesi tavoitteiden löytämiseksi ja onnellisuuden saavuttamiseksi ovat kuitenkin tekniikat, joita olen löytänyt NLP:stä (Neuro-Linguistic Programming).

NLP:n avulla opit asettamaan oikein määriteltyjä tavoitteita – tai oikein määriteltyjä suuntia – jotka ovat välttämättömiä, jotta tietäisit, mihin suuntaan edetä. NLP:ssä on myös useita erinomaisia tekniikoita ja harjoituksia – kuten esim. "Loogiset tasot" – jotka auttavat sinua varmistamaan, että se, mitä teet ja tavoittelet, on linjassa tarkoituksesi ja "itseäsi suuremman" kanssa.

Ainoa haittapuoli noiden tekniikoiden ja harjoitusten suhteen on se, että ottaisi liian paljon tilaa esitellä ja selittää ne tässä yhteydessä. Sen vuoksi suosittelenkin, että:

1. Luet luvun tavoitteiden asettamisesta

2. Luet joitain kirjoja NLP:stä ja

3. Ilmoittaudut Licensed Practitioner of NLP™ -kurssille.

Mielenkiintoista onkin, kuten osoitin tämän luvun alussa, että useat tutkimukset osoittavat, että suurin osa ihmisistä, jotka pitävät itseään onnellisina, pitävät itseään myös menestyneinä. Tosiasia onkin, että mitä onnellisempi olet, sitä menestyneempi myös olet. Loppujen lopuksi, vain sinä määrittelet, mitä menestys on sinulle.

(Lyhyt esittely NLP:stä löytyy tämän kirjan lopusta)

Menestyksen neljä elementtiä

Menestys ei ole sattumaa, sanotaan. NLP – toisin kuin useimmat terapiamuodot, jotka etsivät syitä ikäviin asioihin ja tapahtumiin – keskittyy nimenomaan siihen mikä toimii. Tämän mallin mukaisesti menestymistä on tutkittu runsaasti ja selvitetty, mitkä ovat menestykseen vaikuttavat tärkeimmät tekijät. Lukuisia tutkimuksia ja malleja tutkittuani olen huomannut, että menestys, käytännössä missä tahansa asiassa, voidaan kiteyttää neljään elementtiin.

Menestyksen neljä elementtiä aukeavat oikeastaan kysymyksillä, joita voit kysyä itseltäsi:

1. Mitä haluat?

– Mikä on se arvokas tavoite, jonka haluat saavuttaa?

"Jos et tiedä mihin olet menossa, mikä tahansa tie vie sinut sinne."
– Lewis Carroll

2. Miksi haluat sen/sitä?

– Onko sinulla aito motivaatio tavoitteen saavuttamiseen? Tuleeko tavoite sisältäsi vai onko se jonkin ulkopuolisen tahon määrittelemä? Edistääkö matkasi kohti tavoitetta onnellisuuttasi?

"Menestyneimmät ihmiset ovat he, jotka todella "uskovat" siihen, mitä he tekevät. Ei niin, että he vain sanovat uskovansa. Heillä on intohimo siihen, mitä he tekevät."
– Richard Bandler & John La Valle

3. Mikä estää/on estänyt sinua saavuttamasta tavoitettasi?

– Mitkä ovat omat rajoittavat uskomuksesi? Onko sinulla käytössä tarvittavat resurssit tavoitettasi varten?

"Uskomukset muovaavat sen, kuinka me tunnemme, ajattelemme ja toimimme." – Mandy Evans

4. Miten saavutat tavoitteesi?

– Mikä on strategiasi ja, ennen kaikkea, minkälaista toimintaa ja käyttäytymistä menestyminen sinulta edellyttää?

"Tekemällä samoja asioita samalla tavalla, voit saavuttaa ainoastaan samanlaisia tuloksia. Mikäli haluat saada aikaan toisenlaisia tuloksia, jonkin asian täytyy muuttua." – Hannu Pirilä

Menestyksen kaava on lopulta varsin yksinkertainen ja jokaisen toteutettavissa. Jotkut ovat löytäneet kaavan ja sen sisältämät neljä elementtiä omatoimisesti. Useimmille meistä yllä lueteltujen asioiden selvittäminen ilman apua ja ohjausta on kuitenkin vaikeaa (jos näin ei olisi, niin kaikki maailman ihmiset voisivat määritellä itsensä menestyneiksi).

NLP:hen perustuva Menestysvalmennus auttaa sinua ennen kaikkea näiden neljän elementin kanssa, mutta sisältää tarvittaessa myös paljon muuta. Muistathan, että meistä jokainen määrittelee itse mitä menestys meille tarkoittaa. Menestysvalmennuksen tarkoituksena on paitsi auttaa sinua määrittelemään se, myös antaa sinulle apua ja oivalluksia yllä esitettyjen kysymysten selvittämiseen.

Visio, tavoitteet ja niiden tarkoitus

Minun mielestäni itsensä kehittäminen lähtee ihmisen visiosta siitä, millaisen hän haluaisi oman elämänsä olevan. Visiolla ja unelmalla on kuitenkin ero. Unelma on haave jostain, joka olisi mukava saada tai saavuttaa. Visioksi unelma muuttuu silloin, kun sillä on jokin tarkoitus ja kun sen saavuttamiseksi alkaa tehdä jotain.

Lukuisat tutkimukset ovat osoittaneet, että maailman menestyneimmillä ihmisillä on muodostunut unelmasta tai haaveesta selkeä kuva, jossa vision omaava henkilö näkee itsensä haaveensa jo saavuttaneena. Kun ihminen alkaa elää tämän kuvan – visionsa – mukaisesti, hän on yleensä aloittanut matkan visionsa toteuttamiseksi. Tärkeää ei tässä vaiheessa kuitenkaan ole se, kuinka visionsa aikoo saavuttaa, vaan se, että on ylipäätään aloittanut matkan kohti visiotaan. Kun tavoite on riittävän selkeä, välineet sen saavuttamiseksi ilmestyvät kyllä mukaan.

"Kun asetat suuria, mahtavia tavoitteita – saavutit niitä sitten tai et – ne asiat, joita tapahtuu matkan varrella, ovat niitä, jotka tekevät elämästä upean."
– Richard Bandler

Visio

Visio on siis parhaimmillaan selkeä ja voimakas kuva siitä tilanteesta ja olotilasta, jolloin tärkeä tavoite – päätavoite – on saavutettu. Vision päätavoite on hyvä pilkkoa sopiviin välitavoitteisiin, jotka toimivat motivoivina palkintoina matkalla kohti päätavoitetta.
Miten tämä kaikki sitten tapahtuu? Otetaanpa esimerkki kamppailulajien maailmasta:

Tavoite ja välitavoitteet

Oletetaan, että olet aloittanut esimerkiksi taekwondon tai jonkin muun kamppailulajin harjoittelun ja haaveenasi on jonain päivänä saavuttaa lajissa mustan vyön arvo. Jossain vaiheessa, usein jonkin aikaa harjoiteltuasi, mutta joskus jopa ennen itse harjoittelun aloittamistakaan, saat mieleesi vahvan vision siitä, miltä tuntuu saavuttaa musta vyö. Mustaa vyötä ei kuitenkaan voi saavuttaa suoraan valkoisen vyön jälkeen, vaan välissä on suoritettava ensin muita vyöarvoja: keltainen, vihreä, sinisen kokelas, sininen jne. Nämä vyöarvot valkoisen ja mustan vyön välissä toimivat erinomaisina välitavoitteina. Näistä jokaisen saavuttaminen tuntuu aina hyvältä ja palkitsevalta.

Mikäli päätavoitteenasi ei ole pelkästään mustan vyön saavuttaminen, vaan vyöarvon lisäksi haluat hallita oman lajisi erinomaisesti, voit pilkkoa välitavoitteesi vielä pienempiin osiin, esimerkiksi jokaiseen harjoituskertaan. Välitavoitteenasi voi olla suorittaa jokainen harjoitus parhaalla mahdollisella intensiteetillä ja omaksua opettajan antamia oppeja niin syvällisesti kuin mahdollista. Tällöin palkintona välitavoitteen saavuttamisesta voi olla esimerkiksi se uskomattoman hyvä tunne ja olotila, kun tietää antaneensa kaikkensa visionsa saavuttamisen eteen. Tämä pätee erityisesti niihin henkilöihin, joilla on voimakas sisäinen referenssi, mikä tarkoittaa sitä, että he eivät niinkään hae ulkoisia tunnustuksia, vaan saavat motivaationsa pääasiallisesti omien sisäisten standardiensa toteutumisen kautta.

Tarkoitus

Visio ja tavoitteet ovat usein välttämättömiä menestyksen saavuttamiseksi. Aina tämä ei kuitenkaan riitä. Upean vision lisäksi tarvitset vielä syyn – tarkoituksen – visiosi saavuttamiseksi. Tarkoitus antaa sinulle todellisen motivaation työskennellä visiosi eteen. Kysy siis itseltäsi, miksi haluat saavuttaa tavoitteesi. Ja syyksi kelpaa lähes mikä tahansa. Tärkeintä on, että se on nimenomaan sinun syysi, sinun tarkoituksesi.

Monelle meistä joku muu asettaa paljon tavoitteita. Työpaikalla se on todennäköisesti esimiehemme, koululaisten niskaan tavoitteita kaatavat opettajat tai vanhemmat. Harvalle meistä kuitenkaan todellista motivaatiopotkua antaa jonkun toisen asettamat tavoitteet. Vaikka joskus näin saattaisi nopeasti tarkasteltuna tuntuakin, niin lähemmin tutkittuamme huomaamme lähes poikkeuksetta, että todellisen motivaation takana on jokin itse asettamamme tavoite.

Joskus saattaa pintapuolisesti tarkasteltuna tuntua siltä, että esimerkiksi työnantajan asettamat tavoitteet motivoivat sinut työskentelemään ahkerasti niiden eteen, mutta kun alat tarkastella asiaa hieman syvemmin, saatat havaita, että todellinen syy motivaatioosi löytyykin itsestäsi.

Kenties tavoitteenasi on saada pomoltasi hyväksyntä, joka tuottaa sinulle mielihyvää. Tässä tapauksessa saamasi mielihyvä on se sinun tarkoituksesi. Tai kenties haluat edetä urallasi ja saada ylennyksen, jolloin esimiehen asettamien tavoitteiden saavuttaminen todennäköisesti edesauttaa tätä pyrkimystä. Tällöin uralla eteneminen on sinun tarkoituksesi.

Mikä tahansa tarkoituksesi onkin, on tärkeää, että löydät ja tunnistat sen. On myös tärkeää, että et tunne syyllisyyttä siitä, jos tarkoituksesi on oman urasi edistäminen tai oman itsetuntosi nostaminen. Mikä tahansa tavoite, joka edistää sinun onnellisuuttasi – kunhan se on eettisesti ja laillisesti hyväksyttävää – on hyväksi, sillä mitä onnellisempi itse olet, sitä paremmin kykenet myös aidosti auttamaan muita.

Tarkastelemme tarkoitusta hieman tarkemmin muutaman sivun päästä, Tarkoitus tavoitteittesi taustalla -luvun yhteydessä

Viisi vinkkiä tavoitteiden asettamiseen

"Jos meillä ei ole mitään vaivan arvoisia henkilökohtaisia tavoitteita, on helppo päätellä, että elämä itsessäänkään ei ole vaivan arvoista." – Bobbe Sommer

On ilmiselvää, että mikäli haluat saavuttaa jotain merkittävää elämässäsi, sinulla tulee olla tavoitteita. Toisaalta, sinun tulee olla myös tarkkana sen suhteen, minkälaisia tavoitteita itsellesi asetat.

"Ensimmäinen asia on päättää: Mitä haluaa? Kun tavoite on hyvin määritelty, sitä on myös helpompi ryhtyä toteuttamaan."
– Terttu Grönfors & Trygve Roos

Kuinka sitten asettaa tavoitteita? Millainen on hyvin määritelty tavoite? Tähän on viisi perusperiaatetta:

1. Ilmaistu positiivisessa muodossa

- Ilmaise, mitä haluat, älä mitä et halua. Toisin sanoen, kuvaile se haluttu tila, jossa haluat olla, kun olet tavoitteessasi.

- Tiedostamaton mielemme ei kykene käsittelemään sanaa "ei." Jos sanot itsellesi: "en halua olla lihava," tiedostamaton mielesi jättää huomioimatta sanan "en" ja kuulee sen sijaan "haluan olla lihava." Tiedostamaton mielesi ymmärtää siis ainoastaan lopputuleman, joka on "lihava." Näin ollen, sinun tulee esittää tavoitteesi esimerkiksi näin:

- "Haluan olla hoikka. Haluan nähdä pyykkilautavatsani," tai jotain vastaavaa.

2. Henkilön itsensä alkuun panema ja ylläpitämä

- Onko tavoitteesi sinun kontrolloitavissa? Jos se ei ole, kuinka voit saavuttaa sen? Todennäköisesti et voikaan.

- Sinun tulee varmistaa, että sinä olet tavoitteen kontrolloiva ja alkuun paneva voima ja että sinä ylläpidät tavoitteen saavuttamiseen vaadittavia prosesseja.

3. Yksityiskohtaisesti aistittava

- Visualisoi miltä näyttää, kuulostaa ja tuntuu, kun olet saavuttanut tavoitteesi. Mene mielessäsi siihen hetkeen, jolloin olet sen saavuttanut. Ole tuossa hetkessä niin täysin kuin vain kykenet, niin kuin se kaikki todella tapahtuisi.

- Aseta tavoitteesi saavuttamiselle myös päivämäärä. Anna itsellesi tarpeeksi aikaa saavuttaa se, mutta älä kuitenkaan liikaa. Tavoitteen tulee olla haaste, mutta silti järkevä haaste (jos et ole asettamaasi päivämäärään mennessä saavuttanut tavoitettasi, niin älä muuta tavoitettasi vaan anna sille uusi päivämäärä ja jatka toimiasi tavoitteesi saavuttamiseksi).

4. Ekologinen

- Kysy itseltäsi: "Onko tämä hyväksi minulle ja elämässäni oleville tärkeille ihmisille (perhe, ystävät, kollegat jne.)?" sekä "loukkaako tämä muiden oikeuksia?" Jos vastaus ensimmäiseen kysymykseen on "kyllä" ja toiseen kysymykseen "ei", niin olet oikeilla jäljillä.

- Kysy myös: "Millä tavoin tämä vaikuttaa positiivisesti elämääni?" ja "onko elinpiirissäni ketään, joka voisi auttaa minua?"

5. Testattavissa oleva

- Mistä tiedät, että olet saavuttanut tavoitteesi? Mitä tiettyjä asioita tapahtuu, kun saavutat sen? Mistä muut ihmiset tietävät, että olet saavuttanut sen?
- Mikä on elämässäsi eri lailla, kun olet saavuttanut tavoitteesi?

Käytä tätä muistilistaa aina, kun asetat itsellesi tavoitteita. Kun tavoitteesi on oikein asetettu ja muotoiltu, olet jo puolivälissä matkaasi. On kuitenkin äärimmäisen tärkeää muistaa, että tavoitteiden toteutuminen vaatii myös aina toimintaa. Ota siis ensimmäinen askeleesi kohti tavoitettasi välittömästi sen jälkeen, kun olet määritellyt sen! Jäämällä paikallesi et saavuta mitään.

Tarkoitus tavoitteittesi taustalla

"Ihmiset eivät ole laiskoja. Heillä on vain yksinkertaisesti velttoja tavoitteita
— siis tavoitteita, jotka eivät inspiroi heitä" — Anthony Robbins

Se, että sinulla on tavoite, ei riitä. Siitä ei ole epäilystäkään. Pelkkä tavoite on kuin moottori ilman polttoainetta — se ei vaan käy. Katsotaanpa siis hieman tarkemmin tarkoituksiasi.

Polttoaine, joka pitää moottorisi käynnissä, on nimittäin tarkoituksesi, se sinun syysi, miksi haluat saavuttaa tuon tavoitteesi. Ja aivan kuten on olemassa erilaisia polttoaineita, on olemassa myös erilaisia tarkoituksia. Mitä "suurempi" tarkoituksesi on — mitä tärkeämpi se on sinulle — sitä paremmin se sytyttää sinut ja pitää sinut liikkeessä kohti tavoitettasi.

Mitkä siis ovat tavoitteesi ja mikä on tarkoituksesi? Mitä haluat saavuttaa ja miksi? Käytät aikaasi joka tapauksessa jollain tavoin. Mikset siis käyttäisi sitä johonkin, jolla on sinulle jotain merkitystä?

Eräs hyvä tapa tarkistaa, onko sydämesi mukana tavoitteessasi, on ottaa rauhallinen hetki ja mennä mielessäsi tulevaisuuteen, siihen hetkeen, jolloin olet saavuttanut tavoitteesi. Anna itsesi rentoutua ja visualisoi itsesi tavoitteen saavuttaneena. Anna itsesi tuntea oikein kunnolla, miltä se tuntuu. Näe mielessäsi mitä silloin näet ja kuule mitä silloin kuulet. Ole läsnä siinä hetkessä, niin täysin kuin se kaikki todella tapahtuisi. Kiinnitä huomiota niihin tunteisiin, joita tunnet sekä siihen, missä päin kehoasi ne tuntuvat ja mihin suuntaan ne liikkuvat.

Samalla kun tunnet kaikki ne tavoitteen saavuttamiseen liittyvät tunteet ja näet mielessäsi miltä elämäsi näyttää, kun olet tavoitteesi saavuttanut, kysy itseltäsi: "onko tämä kaikki hyväksi minulle ja läheisille ihmisille elämässäni?" Sen jälkeen kysy itseltäsi: "millä tavoin tämän tavoitteen saavuttaminen vaikuttaa positiivisesti elämääni? Tekeekö se minusta onnellisemman?"

Tämän jälkeen ota kaikki vastauksesi sekä tunteesi, mielikuvasi ja niihin liittyvät äänet mukaasi ja palaa nykyhetkeen. Pidä ne kaikki sekä mielessäsi että sydämessäsi ja kirjoita ylös tavoitteesi taustalla oleva tarkoituksesi. Miksi haluat saavuttaa tavoitteesi?

Seuraava askel on listata ja laittaa tärkeysjärjestykseen ydinarvosi. Aluksi kirjoita vain paperille 4–8 tärkeintä arvoasi. Helpottaaksesi prosessia, kysy itseltäsi "mikä on minulle tärkeintä elämässäni?" Kun olet kirjoittanut nuo 4–8 tärkeintä arvoasi, laita ne tärkeysjärjestykseen: numero yksi on tärkein, numero kaksi toiseksi tärkein, jne. Arvojärjestyksen selvittämisestä lisää myös seuraavassa luvussa.

Tämän jälkeen lue pääasiallinen tavoitteesi ääneen, lisää kirjoittamasi tarkoituksesi – miksi haluat tavoitteesi saavuttaa – ja tarkista, että se istuu arvohierarkiaasi. Tavoitteittesi, tarkoituksesi ja arvojesi välillä ei tulisi olla mitään ristiriitoja. Jos siis huomaat niiden kaikkien olevan harmoniassa keskenään, ei pitäisi olla mitään estettä, mikä estäisi sinua saavuttamasta sitä, mitä ikinä sitten haluatkin.

Tästä eteenpäin, aina kun luet tavoitteesi ja sen taustalla olevan tarkoituksesi, sinun tulisi "syttyä" sisältä päin. Tällöin tiedät, että sinulla on arvoisesi tavoite. Ja mitä enemmän tavoitteesi saa sinut syttymään, sitä enemmän se on aikasi ja ponnistustesi arvoinen.

Lopuksi tarkista vielä, että tavoitteesi tuottaa hyötyä ja arvoa myös muille ihmisille. Sillä kuten eräs viisas mies on sanonut:

"Aina uudelleen ja uudelleen saamme huomata, että ne ihmiset, jotka todella ovat tyytyväisiä ja rikastuneita tässä elämässä, ne, jotka ovat saavuttaneet sen, mitä kiistämättä voidaan kutsua onnellisuudeksi, ovat he, jotka ovat luoneet arvoa muille ihmisille."
– Charles S. Sanford

Arvot ja tarkoitus – mikä on tärkeää ja miksi?

Yritysmaailmassa on jo pitkään puhuttu arvoista ja missiosta – tosin ne ovat monessa tapauksessa enemmänkin pelkkää sanahelinää ja yrityskuvallista kikkailua, kuin oikeasti toimintaa ohjaavia tekijöitä. Jos niihin kuitenkin paneutuu aidosti, niillä voi olla suurikin merkitys, varsinkin pitkällä aikavälillä.

Harva kuitenkaan on miettinyt näitä asioita omalla henkilökohtaisella tasollaan. Tämä on sääli, sillä arvoilla ja tarkoituksella on merkittävä rooli henkilökohtaisen menestyksen ja onnellisuuden saavuttamisessa.

> *"Omien arvojen tunteminen on loistavaa, sillä onnellisuus tulee siitä, että elät arvojesi mukaisesti joka ikinen päivä, huolimatta siitä, kuinka lähellä tai kaukana tavoitteesi näyttävätkään olevan."*
> *– Paul McKenna*

Asian pohdinnan voi aloittaa kysymällä itseltään: "mikä on minulle tärkeää?" – ja odottaa vastausta. Kysyessäsi tämän itseltäsi, saat todennäköisesti pienen listan vastauksia, kuten esim. raha, rakkaus, onnellisuus, menestys, lapset, työ jne. Nämä ovat yleensä melko ilmiselviä vastauksia ja niinpä niihin ei pidäkään välttämättä tyytyä.

Tätä "pinnallista" listaa on hyvä lähteä tarkastelemaan hieman syvemmin. Kysy siis itseltäsi: "mikä rahassa on minulle tärkeää?", "mikä rakkaudessa on minulle tärkeää?" jne. Nyt alat todennäköisesti saamaan jo hieman erilaisia vastauksia, kuten ehkä: "rahan avulla voin ruokkia perheeni," "rahan avulla voin parantaa omaa elämänlaatuani," "rakkaus tekee minut onnelliseksi," "rakkaus tarkoittaa sitä, että välitän muista ihmisistä" tai kenties jotain muuta vastaavaa – tai sitten jotain ihan muuta.

Tätä "mikä siinä on minulle tärkeää" –kysymysten sarjaa voi jatkaa hyvinkin pitkälle ja tällä tapaa paljastuu usein niitä syvällisempiä asioita, jotka sinulle ovat tärkeitä.

Kun olet saanut listattua lopulta 5–10 sinulle tärkeää asiaa, ne on hyvä laittaa myös tärkeysjärjestykseen. Tämä onnistuu esim. vertaamalla arvoja keskenään aina pareittain. Ota siis listan kaksi ensimmäistä arvoa ja kysy itseltäsi kumpi niistä on sinulle tärkeämpi. Kun olet saanut vastauksen, ota se tärkeämpi arvoista ja vertaa sitä listalla seuraavana olevaan. Ota taas näistä kahdesta se, joka on sinulle tärkeämpi ja vertaa jälleen sitä seuraavaan arvoon listalla. Käy tällä tapaa läpi koko lista aina viimeisenä olevaan arvoon asti. Näin saat selville tärkeimmän arvosi. Kirjaa se siis ykköseksi.

Tämän jälkeen vedä tämän tärkeimmän arvosi yli viiva listalla ja tee sama vertailu uudelleen jäljellä olevien arvojen kesken. Näin saat selville itsellesi toiseksi tärkeimmän arvon. Kirjaa se puolestaan itsellesi kakkoseksi ja vedä sen yli viiva listalla. Jatka tällä tavoin, kunnes olet saanut kaikki listaamasi arvot tärkeysjärjestykseen.

Seuraavaksi on syytä tarkastella arvojasi ja niiden järjestystä hieman tarkemmin. Löytyykö niistä kenties arvoristiriitoja? Arvoristiriita syntyy, kun jokin arvo on, tavalla tai toisella, jonkin toisen arvon toteutumisen esteenä. Jos sinulle on esimerkiksi lähes yhtä tärkeää välttää epäonnistumisia kuin saavuttaa menestystä, kyseisten arvojen välillä saattaa olla ristiriita, sillä saavuttaaksesi menestystä sinun on oltava valmis kohtaamaan myös epäonnistumisia matkan varrella.

"Olen oppinut enemmän epäonnistumisistani kuin onnistumisistani."
– Sir Richard Branson

Arvoristiriidat eivät ole kovin yleisiä mutta ne saattavat merkittävästi estää ihmistä saavuttamasta onnellisuutta tai menestystä. Arvoristiriita saattaa itse asiassa olla jopa se avaintekijä.

Edellä esitetty on varsin yksinkertainen tapa selvittää itselleen, mikä elämässä on tärkeää. Kun kysymyksiä pohtii tarpeeksi pitkälle, voi löytää myös vastauksen niinkin isoon kysymykseen kuin mikä ylipäätään on elämän tarkoitus.

Löysitpä sitten arvomäärittelyn avulla elämäsi tarkoituksen tai et, niin arvojesi pohjalta sinun kannattaa joka tapauksessa kirjoittaa itsellesi oma elämäntehtäväsi. Elämäntehtävä on tiivistetty, yhden tai kahden lauseen mittainen kuvaus siitä mikä sinulle on kaikkein tärkeintä, tyyliin "tehtävänäni on auttaa parhaalla mahdollisella tavalla lapseni oman itsenäisen elämänsä alkuun sekä elää itse onnellista elämää."

Kuten aiemmin todettu, yritykset ovat jo pitkään kirjoittaneet itselleen "elämäntehtäviä." Esimerkiksi HOK Elannon tehtävänä on "liiketoimintaa harjoittamalla tuottaa palveluja ja etuja jäsenilleen."

Miksi arvojen ja elämäntehtävän – tai -tarkoituksen – selvittäminen sitten on niin tärkeää? Arvot ja tarkoitus antavat sinulle suunnan. Ilman suuntaa ja tarkoitusta elämä – tai yritysten tapauksessa liiketoiminta – seilaa helposti alueille, jotka eivät tuota tyydytystä, saatika sitten onnea. Arvot ja tarkoitus yhdessä oikein asetettujen tavoitteiden kanssa auttavat sinua pitämään oikean suunnan elämässäsi ja toiminnassasi. Ja kun kuljet elämässäsi jatkuvasti suuntaan, joka tuottaa sinulle suurinta mahdollista tyydytystä ja nautintoa, on elämä todellakin elämisen arvoista.

Ottaakseni tähän lopuksi vielä mukaan tuon liiketoiminta-aspektinkin: Miltä mahtaisikaan tuntua työskennellä yrityksessä, jolla on selkeä suunta ja jonka tuotteilla tai palveluilla on merkitystä?

"Tehokkailla elämäntehtävillä on kolme yhteistä ominaisuutta: intohimo, tarkoitus ja suunta." – Richard Bandler & Garner Thomson

Mikä oikein estää meitä saavuttamasta tavoitteitamme?

"Pyrimme toiminnallamme aina johonkin tavoitteeseen. Tavoitteet tosin voivat olla tiedostettuja tai tiedostamattomia."
— Terttu Grönfors & Trygve Roos

Kaikella, mitä me teemme, on todellakin aina jokin tavoite takana. Mietipä vaikka itse: Menet treeneihin. Tämän toiminnan takana saattaa olla esimerkiksi tavoite kilpailumenestyksestä tai kunnonkohotuksesta. Tai kenties vain "ajan tappaminen, kun ei ole muutakaan tekemistä." Tavoite sekin.

Entäpä sitten vaikka vain sohvalla löhöily? Sillä nyt tuskin on mitään tarkoitusta? Aivan varmasti on. Tavoitteesi voi olla esimerkiksi rentoutuminen tai kenties tuo sama "ajan tappaminen." Tarkoitus voi myös olla, kuten yllä oleva lainaus toteaa, täysin tiedostamaton. Jokin tarkoitus siis kaiken tekemisemme ja toimintamme taustalta kuitenkin aina löytyy.

Jos tarkoituksesi on esimerkiksi tuo "ajan tappaminen", voit myös kysyä itseltäsi: kumpi yllä olevista vaihtoehdoista mahtaisi olla sinulle hyödyllisempi tapa saavuttaa tuo tavoite? Sohvalla löhöily vai treenaaminen? Hmm…

"On todistettu moneen kertaan, että mikäli sinulla ei ole tavoitteita, on todennäköistä, että et koskaan löydä sitä, mitä todella haluat."
— Shelle Rose Charvet

Tavoitteet ovat siis meille tärkeitä, sillä ne ohjaavat elämäämme. On siis myös tärkeää, että tiedät, mitä haluat tavoitella ja ennen kaikkea miksi haluat tavoitella sitä, mitä tavoittelet. Kuten aiemmissa luvuissa olen jo esittänyt, tuo "miksi" on juuri se, mikä tekee tavoitteestasi elämäsi arvoisen.

Lukuisat tutkimukset ovat osoittaneet, että jopa 90–95 % ihmisistä eivät tietoisesti ja järjestelmällisesti pyri saavuttamaan tavoitteitaan. Jos kerran itselleen tärkeän tavoitteen saavuttaminen tekee elämästä mielekkäämpää, niin miksi useampi meistä ei pyri tavoitteitaan saavuttamaan?

Vastaus on: **rajoittavat uskomukset ja paradigmat.**

Mitä ne sitten ovat?

Uskomukset ovat yksittäisen ihmisen käsityksiä todellisuudesta. Jokaisella meistä on oma uskomusjärjestelmämme, joka ohjaa ajatteluamme ja toimintaamme. Rajoittava uskomus on sellainen uskomus todellisuudesta, joka rajoittaa meidän toimintaamme. Tällainen rajoittava uskomus saattaa esimerkiksi olla jokin käsityksesi siitä mihin kykenet, kuten: "minä en ikinä opi vieraita kieliä." Useimmiten tällaisella rajoittavalla uskomuksella ei ole mitään tekemistä sen todellisuuden kanssa, mitä oikeasti kykenet tekemään. Sen sijaan se voi hyvin todennäköisesti olla itseään toteuttava ennustus: Koska uskot, että et opi vieraita kieliä, et niitä myöskään helposti opi.

Paradigmalla puolestaan tarkoitetaan tässä yhteydessä eräänlaista oikeana pidettyä, yleisesti hyväksyttyä ja auktoriteetin asemassa olevaa viitekehystä ja sen mukaista toimintatapaa. Yksinkertaistettuna: syvään juurtuneita, opittuja toimintamalleja ja -tapoja. Eräänlaisia paradigmoja ovat mm. tavat, joita toistat päivästä toiseen: miten pukeudut, miten harjaat hampaasi, miten laitat kätesi ristiin ja – suuremmassa mittakaavassa – jopa miten ansaitset elantosi. Paradigma on eräällä tavalla sinun mukavuusalueesi, tuttu ja turvallinen toimintamallisi.

Koska paradigma on siis eräänlainen syvään juurtunut tapa/käyttäytyminen, se toimii usein rajoittavan uskomuksen lailla. Tämä tarkoittaa myös sitä, että jos et käyttäytymällä nykyisten paradigmojesi mukaisesti kykene saavuttamaan tavoitettasi tai unelmaasi, sinun tulee muuttaa paradigmojasi. Toisaalta myös paradigmojen taustalla on usein jokin uskomus, joten muuttamalla uskomuksiasi, muutat usein myös paradigmojasi.

Kuulostaako kovin teoreettiselta? Otetaanpa mielikuvallinen esimerkki taas kamppailulajien harjoittelusta: Oletetaan, että tavoitteenasi on tuo mustan vyön saavuttaminen, vaikka taekwondossa. Harjoittelet ehkä 1–2 kertaa viikossa ja muun vapaa-ajan vietät kenties videopelejä pelaten, herkkuja syöden ja televisiota katsoen. Jotta selviytyisit mustan vyön kokeesta, sinun tulisi kuitenkin mm. kehittää lihaskestävyyttäsi ja notkeuttasi sekä hallita vaadittavat tekniikat erinomaisesti. Sinä taasen ”vihaat mm. kuntopiiriä ja venyttelyä”, etkä halua harjoittaa niitä. Mustan vyön saavuttaminen kuitenkin edellyttää niiden harjoittamista. Jotta siis saavuttaisit mustan vyön, sinun on astuttava pois vanhalta mukavuusalueeltasi ja muutettava syvälle juurtuneita tapojasi, paradigmojasi, ja harjoiteltava uudella tavalla.

Mistä nämä rajoittavat uskomukset ja paradigmat sitten oikein ovat tulleet?

Tämä selviää ehkä parhaiten Tri Thurman Fleetin kehittämän ja Bob Proctorin modifioiman kuvauksen perusteella:

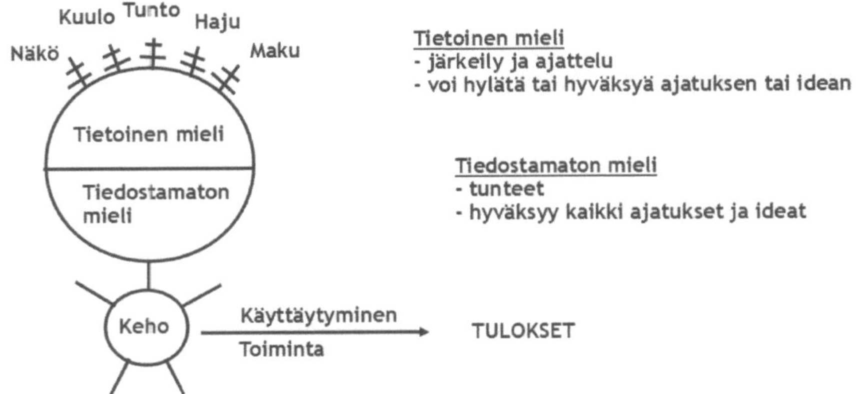

- Bob Proctor/Thurman Fleet

Havainnoimme ympäristöämme aistiemme kautta, joita ovat näkö-, kuulo-, tunto-, haju- ja makuaistimme. Näiden aistiemme perusteella olemme muodostaneet – ja jatkuvasti muokkaamme – kuvaamme maailmastamme. Kokemamme todellisuus on siis se, jonka olemme aistiemme kautta muodostaneet, ja tämä kaikki on taltioituneena tiedostamattomassa mielessämme.

Eräänlaisena suodattimena aistien ja tiedostamattoman mielen välillä toimii, Proctorin ja Fleetin mukaan, tietoinen mielemme. Heidän mukaansa tietoinen mielemme järkeilee, ajattelee ja tekee tietoisia päätelmiä kaikesta siitä informaatiosta, jota otamme jatkuvasti vastaan. Se voi näin ollen koska tahansa esimerkiksi hylätä tai hyväksyä jonkin ajatuksen tai idean.

Thurmanin ja Proctorin mukaan tiedostamaton mielemme sen sijaan ei kykene hylkäämään mitään, vaan se hyväksyy kaiken sen, mitä tietoinen mielemme sille sanoo. Tästä kaikesta tiedostamaton mielemme mm. rakentaa meille meidän tunnemaailmamme.

Ollessamme pieniä lapsia, tietoinen mielemme – järkeily ja ajattelu – ei ole vielä kehittynyt ja mielemme on kuin avonainen malja, edellä esitetty tikku-ukko ilman ison pallon ylempää puolikasta.

Tällöin tiedostamaton mielemme yksinkertaisesti ottaa vastaan kaiken, mitä sinne aistiemme kautta "kaadetaan." Kaikki ympärillämme olevat ihmiset pääsevät siis heittämään omat aineksensa mielemme keitokseen. Mukana tulevat siis kaikki heidän omat uskomuksensa ja paradigmansa – kaikkien hyvien ja hyödyllisten lisäksi myös kaikki heidän rajoittavat uskomuksensa ja paradigmansa. Näin tapahtuu, kunnes oma järkeilymme ja ajattelumme alkaa kehittyä ja muodostamme pikkuhiljaa omat suodattimemme.

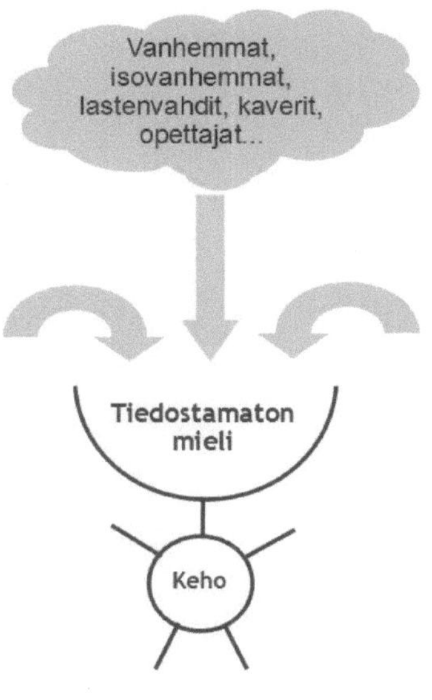

SINÄ LAPSENA

Tiedostamaton mieli:
- ei "suodattimia"
- kuin avoin malja

Sisään "kaadetaan":
- arvoja
- uskomuksia
- paradigmoja
- strategioita...

- Bob Proctor/Thurman Fleet

On varsin hyödyllistä ymmärtää, että suurin osa rajoittavista uskomuksistamme ja paradigmoistamme on siis muualta opittua, emmekä ole mitenkään voineet vaikuttaa niiden syntyyn ja olemassaoloon tiedostamattomassa mielessämme. Ja koska ne ovat siis syvään juurtuneita, niiden muuttaminen voi olla hyvinkin vaikeaa. Hyvä uutinen kuitenkin on, että sinä voit muuttaa niitä – olit sitten minkä ikäinen hyvänsä.

Vaikka Proctorin ja Fleetin näkemys onkin monilta osin vanhentuneeseen käsitykseen perustuva, kuvaa se uskomusten ja paradigmojen syntyä varsin hyvin. Nykytietämyksen perusteella käyttäytymiseemme liittyy monia muitakin tekijöitä, kuten arvomaailmamme, strategiamme sekä nk. metaohjelmat ja ankkurit. Nämä muodostavat myös, mm. aistikanavasuodattimiemme lisäksi, toisenlaisia suodattimia, joiden läpi suodatamme ulkopuolelta tulevaa informaatiota. Tämän kaiken lisäksi meillä on myös omat sisäiset prosessimme, joiden avulla käsittelemme aivoissamme olevaa tietoa. Tältä osin Proctorin ja Fleetin käsitys tietoisen mielen merkityksestä eräänlaisena suodattimena tiedostamattomalle mielelle on siis pitkälti vaillinainen ja jopa erheellinen. Kommunikointimme ja käyttäytymisemme muodostumista nykytietämyksen mukaan havainnollistaa kokonaisvaltaisemmin seuraava kuvio.

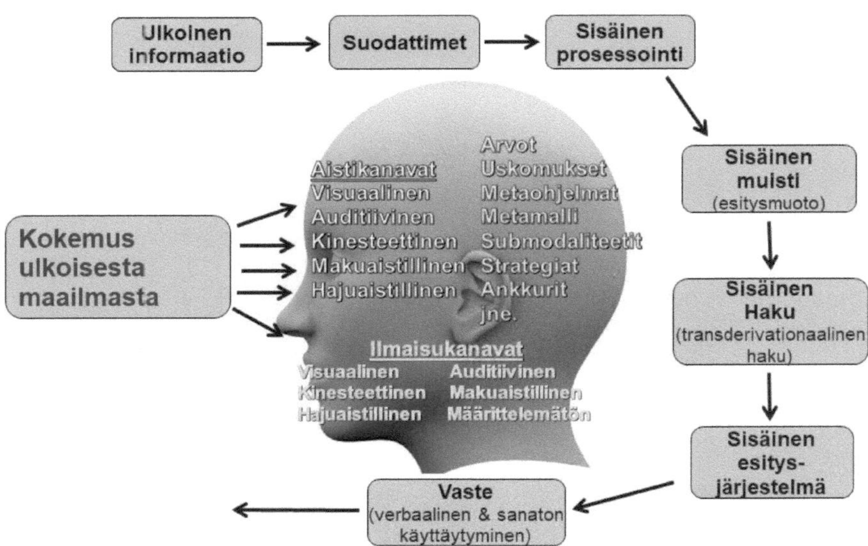

Kaikesta siitä informaatiosta, mitä vastaanotamme ja kaikista niistä suodattimista ja sisäisistä prosesseista, joita mieleemme on muodostunut, muodostamme ikään kuin oman sisäisen karttamme ympäröivästä maailmastamme. Ja tämä sisäinen karttamme on jokaisella meistä erilainen, uniikki tulkintamme elämästämme ja maailmastamme.

Niin, ja todettakoon vielä, että kyllä se on meidän tiedostamaton mielemme, joka meidän käyttäytymistämme pääsääntöisesti ohjaa – mikäli sait Proctorin ja Fleetin näkemyksistä toisenlaisen kuvan...

Uskomusten ja paradigmojen muuttaminen

Uskomusten ja paradigmojen muuttamiseen on tietääkseni kahdesta kolmeen pääasiallista keinoa. Perinteinen tapa on muuttaa tietoista ajattelua ja antaa tietoisen mielen muuttaa tiedostamattoman mielen maailmaa toistuvien suggestioiden avulla, joskus melko pitkänkin ajan kuluessa. Tämä keino vaatii pitkäjänteisyyttä ja päättäväisyyttä, mutta sillä on myös todistettavasti saatu aikaan pysyviä tuloksia.

"Mitä me ajattelemme, sellaisiksi me tulemme" – Earl Nightingale

Toinen keino on käyttää NLP:n tekniikoita, joiden avulla pystytään usein saavuttamaan muutoksia jopa muutamissa minuuteissa.

Jossain näiden välimaastossa toimii lisäksi myös hypnoosi, jota käytetään paljolti osana NLP-tekniikoita. Hypnoosissa tiedostamattomaan mieleemme voidaan niin ikään syöttää suggestioita, mutta transsitilan ansiosta toistoja ei yleensä tarvita yhtä useita kuin edellä esitetyssä "perinteisessä" mallissa.

Mikäli siis haluat muuttaa oman uskomuksesi, että et esimerkiksi kerta kaikkiaan kykene oppimaan vieraita kieliä, voit alkaa antaa itsellesi toistuvia suggestioita, kuten: "Minä opin vieraita kieliä. Minulla on kaikki ne taidot, joita vaaditaan vieraiden kielten oppimiseen. Minä osaan vieraita kieliä. Minä olen hyvä vieraissa kielissä." Kun olet toistanut näitä suggestioita useita kertoja päivässä usean päivän ajan, huomaat jonain päivänä yksinkertaisesti hallitsevasi vieraita kieliä – edellyttäen tietysti lisäksi, että olet ainakin jonkin verran myös opiskellut näitä kieliä.

NLP-tekniikoita varten tarvitset mitä todennäköisimmin jonkun ohjaajan. Tekniikoita voi toki opetella tekemään itsekin, mutta olen huomannut, että niiden tekeminen omatoimisesti on useimmille meistä huomattavasti vaikeampaa kuin osaavan ohjaajan opastuksella, varsinkin aluksi. Tässäkin asiassa harjoitus tosin tekee mestarin.

Tärkein viesti kuitenkin on, että sinä pystyt muuttamaan elämääsi rajoittavia uskomuksiasi ja paradigmojasi. Helppoa se ei aina välttämättä ole ja se vaatii käytännössä aina jonkinlaisia uhrauksia tai jonkinlaista panostusta, mutta toisaalta muutoksista koituva palkinto saattaa olla elämänlaatusi paraneminen aivan huikealla tavalla.

Uskomukset ja niiden vaikutus elämäämme

Kuten tähän mennessä on jo käynyt ilmi, meillä kaikilla on lukematon määrä uskomuksia, joista suurin osa on syntynyt lapsuudessamme. Uskomukset ovat myös erittäin tärkeitä tekijöitä jokapäiväisessä elämässämme, sillä ilman niitä elämämme olisi erittäin hankalaa, käytännössä jopa mahdotonta.

Jotkut uskomuksistamme palvelevat meitä hyvin läpi koko elämämme, jotkut taas rajoittavat elämäämme aivan turhaan. Muuttamalla elämäämme rajoittavat uskomuksemme tarkoituksenmukaisemmiksi, muutamme tapaamme ajatella asioita. Se mitä ja miten me ajattelemme puolestaan vaikuttaa tunnetilaamme. Tunnetilallamme taas on suora yhteys siihen, miten me käyttäydymme ja käyttäytymisemme ja toimintamme tuottavat lopulta meille ne tulokset, joita saamme elämässämme aikaan.

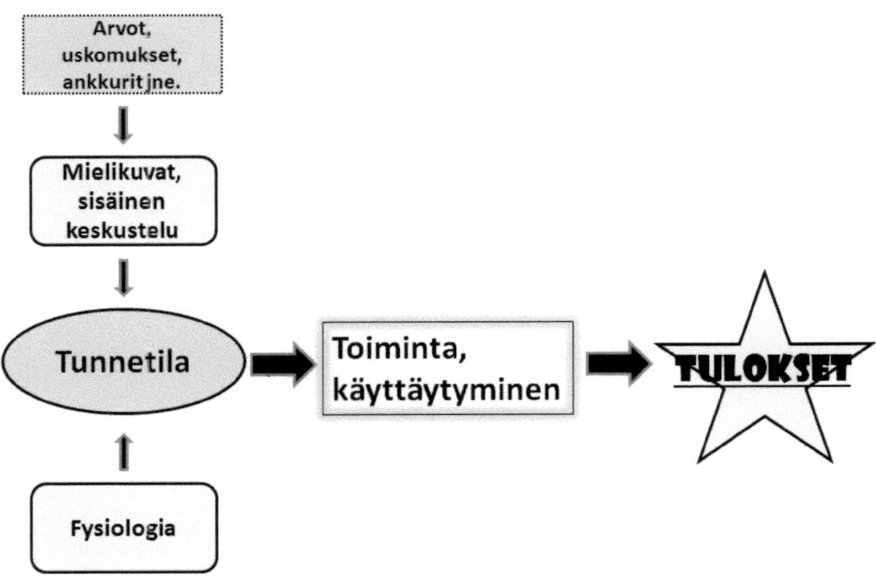

Koska olemme omaksuneet suurimman osan uskomuksistamme lapsuudessamme, aikuisiksi kasvettuamme monet näistä uskomuksista saattavat kuitenkin muuttua elämäämme rajoittaviksi tekijöiksi. Itse asiassa se kaikkein tärkein syy miksi emme saavuta elämässämme sitä, mitä haluamme, saattaa olla juuri yksi ainoa epätarkoituksenmukainen, eli rajoittava, uskomus.

Mikäli haluamme saada aikaan toisenlaisia tuloksia elämässämme, toimintamme ja käyttäytymisemme täytyy muuttua. Niiden muuttaminen voi kuitenkin olla äärimmäisen vaikeaa, mikäli emme ensin saa muutettua ajatteluamme ja tunnetilaamme. Ja, kuten todettu, muokkaamalla uskomuksiamme tarkoituksenmukaisemmiksi, voimme vaikuttaa ajatteluumme ja tunnetilaamme. Joko siis näet miten asiat liittyvät toisiinsa ja mikä vaikutus uskomuksillasi on elämääsi?

"Me kaikki ajattelemme ja me kaikki uskomme – ja kun oivallat, että voit muuttaa ajatuksiasi ja uskomuksiasi, se muuttaa käyttäytymistäsi. Uskomukset eivät tule totuudesta. Uskomukset tulevat uskomisesta. Ne ovat oppaita käyttäytymiseemme." – Richard Bandler

Uskomuksemme todellakin ovat vain uskomuksia; niillä ei ole mitään tekemistä todellisuuden kanssa. Yksi ihminen voi uskoa samasta asiasta aivan toista kuin joku toinen ihminen, ja molemmat voivat silti perustella itselleen olevansa oikeassa perustuen "tosiasioihin".

Uskomuksilla ei siis ole mitään tekemistä todellisuuden kanssa – uskomukset ovat vain uskomuksia, senhän me ymmärrämme nyt kaikki, eikö vain?

Uskomuksillamme on kaikki edellä mainittu huomioiden myös äärimmäisen suuri vaikutus onnellisuuteemme sekä siihen, minkälaisia asioita saamme elämässämme aikaan. Uskomuksemme voivat siis olla meille joko hyödyllisiä tai sitten meitä huonosti palvelevia. Hyvä uutinen kuitenkin on, että koska uskomukset ovat opittuja asioita, sinä voit myös oppia muuttamaan niitä, kunhan vain hallitset oikeat tavat ja tekniikat. Ja tässä sinua voi auttaa tehokkaimmin taas kerran NLP.

Muuttamalla itseäsi huonosti palvelevat uskomuksesi ja ajatuksesi tarkoituksenmukaisemmiksi, voit saada aikaan merkittäviä muutoksia elämässäsi.

Minkälainen uskomus tai minkälaiset uskomukset palvelisivat sinua paremmin? Mitä sellaisia uskomuksia sinulla on, jotka eivät palvele sinua ja tavoitteitasi? Hyvin usein jo pelkästään tulemalla tietoiseksi rajoittavista uskomuksistasi, olet aloittanut prosessin niiden muuttamiseksi.

Henkilökohtainen kehittyminen osana ammatillista urakehitystä

Olemme edellä käsitelleen itsensä kehittämistä paljolti tavoitteiden, niiden tarkoitusten sekä uskomusten kautta. Tarkastellaanpa seuraavaksi hieman tarkemmin minkälaisia hyötyjä itsensä kehittämisestä sinulle voi ylipäätään olla.

Henkilökohtainen kehittyminen – tai itsensä kehittäminen – voi olla merkittävässä roolissa myös ammatillisen urakehityksen kannalta.

Kehittäessäsi oman henkilökohtaisen elämäsi eri osa-alueita, voit odottaa myös urakehityksesi ottavan uutta suuntaa eteenpäin. Sellaisista vanhoista rajoittavista uskomuksista eroon pääseminen, jotka eivät enää palvele sinua kaikkein tarkoituksenmukaisimmalla tavalla, ei palvele ainoastaan sinua itseäsi omalla henkilökohtaisella tasollasi. Se ei nimittäin jää huomaamatta myöskään työnantajaltasi – tai mahdolliselta työnantajaltasi.

Ihmiset, jotka asettavat itselleen tavoitteita, saavuttavat niitä. Ihmiset, jotka tekevät ja toimivat, saavat aikaan tuloksia. Ihmiset, jotka ovat motivoituneita, tekevät ja toimivat. Ihmiset, jotka nauttivat siitä mitä tekevät, ovat motivoituneita. Tuon kaiken jokainen pystyy päättelemään pelkällä maalaisjärjellään. Miksi sitten niin monet ihmiset ovat jääneet kiinni työhön, josta he eivät pidä ja räpiköivät vain selvitäkseen päivästä toiseen?

Ero elämästään nauttivien menestyjien ja päivästä päivään räpiköijien välillä ei ole geeneissä, siviilisäädyssä tai ihonvärissä. Ero on asenteessa ja siinä, miten katsot asioita.

Kun lisäät elämääsi elementtejä, kuten sellaisen työn tekemisen, josta todella nautit, tarkoituksen löytämisen sille mitä teet ja oikeanlaisten tavoitteiden asettamisen, et ainoastaan lisää omaa yleistä onnellisuuttasi, vaan parannat myös omaa työsuoritustasi. Kyseessä on siis kehä, joka ikään kuin ruokkii itse itseään.

Tutkimukset osoittavat, että kun teet jotain asiaa enemmän, tulet paremmaksi siinä. Kun tulet paremmaksi siinä mitä teet, alat nauttia sen tekemisestä enemmän. Ja mitä enemmän nautit siitä, sitä enemmän haluat tehdä sitä. Ja kun taas teet sitä asiaa enemmän, sitä paremmaksi siinä tulet. Ja niin kehä ja kehitys kulkee eteenpäin.

Vai kulkeeko?

Ihmiset kyllästyvät asioihin. Varsinkin, jos heiltä puuttuu tarkoitus sille, mitä he tekevät ja/tai kun kehittyminen syystä tai toisesta pysähtyy. Henkilökohtainen – ja ammatillinen – kehittyminen tarkoittaa myös, että samalla kun tulet paremmaksi siinä mitä teet, etsit myös aktiivisesti tapoja laajentaa tietoisuuttasi siitä, mitä teet sekä kuinka voit jatkuvasti kehittyä ja lisätä uusia ulottuvuuksia siihen.

Kun nautit siitä mitä teet, sinulla on tarkoitus sille, mitä teet ja etsit aktiivisesti tapoja saavuttaaksesi enemmän ja täyttääksesi tarkoituksesi vielä paremmin, silloin yhdistät itsesi kehittämisen urakehitykseesi.

Kuka tahansa älykäs, tai edes kohtuullisen järkevä, työnantaja osaa arvostaa pyrkimyksiäsi ja tuloksia, joita saavutat. Ja jos ei arvosta, niin etsi itsellesi sellainen työnantaja, joka arvostaa.

Henkilökohtainen kehittyminen vs. ryhmän kehittyminen – vai voiko ne yhdistää?

Itsensä kehittämisestä on tullut erittäin suosittua ja siitä on muodostunut jopa aivan oma liiketoiminta-alueensakin nykyään. Jotkut ovat kuitenkin julistaneet, että ihmiset, jotka panostavat itsensä kehittämiseen, ovat itsekeskeisiä eivätkä tuota mitään yhteiseksi hyväksi. Onko todellakin näin?

Ensinnäkin, kuten osoitan luvussa "Itsensä kehittäminen avaimena menestykseen," itsensä kehittäminen ei tarkoita sitä, että olisit itsekeskeinen. Päinvastoin: Se tarkoittaa nimittäin sitä, että kehität itseäsi parantaaksesi koko ihmiskunnan hyvinvointia. Niinpä voidaankin todeta, että henkilökohtainen kehittyminen ja ryhmän kehittyminen voivat yhdistyä. Itse asiassa ryhmän kehittymisen *edellytyksenä* on, että ryhmän jäsenet panostavat itsensä kehittämiseen.

Tehokkaan ryhmän kaksi avaintekijää ovat yhteiset päämäärät ja yhteiset tavoitteet. Ennen kuin ryhmän jäsen kykenee todella sitoutumaan ryhmän päämäärään, hänen tulee varmistaa, että hänen omat päämääränsä ja tavoitteensa ovat linjassa ryhmän päämäärien ja tavoitteiden kanssa. Tämä puolestaan tarkoittaa, että ryhmän jäsen, joka ei ole panostanut siihen, että hän on selvillä omista päämääristään ja tavoitteistaan – eli ei siis ole panostanut itsensä kehittämiseen – ei voi sitoutua sataprosenttisesti ryhmän tavoitteisiin.

Lisäksi: Ihminen, joka on paremmin selvillä omista arvoistaan, lahjakkuuksistaan ja potentiaalistaan, joka jatkuvasti kehittää omia taitojaan ja osaamistaan ja joka on kehittänyt sellaisia henkilökohtaisia ominaisuuksiaan, kuten itsekuria, päättäväisyyttä, johdonmukaisuutta, kärsivällisyyttä, rohkeutta ja anteeksiantamista, on aivan varmasti kykenevämpi tuottamaan jotain arvokasta koko tiimin hyväksi.

Henkilö, joka on selvillä omista tarpeistaan ja kyvyistään ja joka kykenee näkemään yhteyden omien ja tiimin tarpeiden ja osaamisen välillä, on aivan varmasti myös sitoutuneempi ryhmäänsä kuin sellainen, joka on epävarma itsestään ja joka on "vain" yksi ryhmän jäsen. Sitoutunut ryhmänjäsen ei laske työtuntejaan. Hän mittaa tuloksia.

Näin ollen ryhmän kehitys ei ole täysipainoista ilman riittävää määrää ryhmänjäsenten omaa henkilökohtaista kehittymistä. Ne kulkevat käsi kädessä ja niiden on yhdistyttävä, mikäli halutaan muodostaa tiimi, joka nauttii työskentelystään yhdessä, jolla on vähemmän haitallisia yhteenottoja ja joka vain yksinkertaisesti menee ja tuottaa erinomaisia tuloksia. Kun asiaa ajattelee tarkemmin, eikö tuollaista tiimiä juuri usein kutsuta voittajajoukkueeksi?

Menestys ja huippusuoritus

Huippusuoritus ei ole huippusuorittajien yksinoikeus. Muutkin kuin huippu-urheilijat ja maailmankuulut esiintyjät tarvitsevat kokemuksia omista huippusuorituksistaan.

Meidän jokaisen omat, pienetkin, huippusuorituksemme tuovat elämäämme nautintoa, innostusta ja kannustusta. Ilman pieniä ja suuria huippusuorituksia elämästämme jää helposti puuttumaan "se jokin." Ilman omia huippusuoritushetkiämme elämästämme voi helposti muodostua puuduttavaa, yksitoikkoista ja tasapaksua, eikö vain?

Menestys melkein missä tahansa asiassa edellyttää lähes aina jonkin tyyppisiä huippusuorituksia. Meille kaikille tulee elämässämme eteen tilanteita, jolloin haluaisimme saada itsestämme irti huippusuorituksemme. Jollekin se tilanne voi olla kilpasuoritus urheilussa, jollekin toiselle taas jonkinlainen esiintymistilanne, kolmannelle puolestaan suoriutuminen ripeästi, tehokkaasti ja menestyksekkäästi arkisista askareista.

Huippusuoritus ei myöskään ole sattumaa. Se edellyttää osaamista ja harjoittelua, mutta niiden lisäksi tarvitset vielä oikeanlaisen haasteen ja tavoitteen sekä optimaalisen mentaalisen tilan, jossa saat ulosmitattua kaiken osaamisesi parhaimmalla mahdollisella tavalla.

Olipa tarpeesi, tavoitteesi ja tilanteesi sitten mikä tahansa, kaikille huippusuorituksille on olemassa siis kaksi äärimmäisen oleellista yhteistä elementtiä:

1. Oikeanlainen tavoite, ja

2. Oikeanlainen tunnetila

Oikeanlainen tavoite

Pyrittäessä huippusuoritukseen, flow-tilaan pääseminen takaa lähes poikkeuksetta vähintäänkin erinomaisen suorituksen – ja flow-tilahan on ikään kuin se "ihanteellinen suoritustila," jossa suorittaminen tuntuu äärimmäisen vaivattomalta ja luontevalta.

Chicagon yliopiston psykologian laitoksen johtajana aikoinaan toiminut Mihály Csíkszentmihályi on kenties kuuluisin flow-tilan tutkija. Csíkszentmihályi on määritellyt tekijät, jotka edesauttavat flow-tilaan pääsyä, ja eräänä tärkeimmistä hän toteaa olevan sen, että tavoitteet ovat oikeassa suhteessa käytettäviin resursseihin (aiheesta lisää seuraavassa luvussa).

Kuten olen jo useampaan kertaan todennut, tavoitteet ovat ylipäätäänkin avaintekijöitä kaikenlaisessa menestymisessä, sillä tavoitteet ohjaavat kaikkea toimintaamme – joko tietoisesti tai tiedostamatta. Kun tavoitteemme on riittävän haastava, mutta ei toisaalta tunnu myöskään ylivoimaiselta, antaa se meille juuri oikeanlaisen odotusarvon suoritustamme ja menestystämme ajatellen.

Oikeanlainen tunnetila

Tunnetilamme määrittää pitkälti sen minkälaista käyttäytymistä ja toimintaa saamme aikaiseksi. Tunnetilaamme taasen vaikuttaa pääasiassa kaksi tekijää: fysiologiamme ja ajattelumme (ajattelu = sisäiset esitysmuotomme).

Huippusuorituksen edellyttämä optimaalinen tunnetila vaatii oikeanlaisen fysiologian (esim. selkärangan ja pään asento, katse ylöspäin, rintakehä eteenpäin jne.), sillä oikea fysiologia lähettää aivoillemme ja hermostollemme silloin oikeanlaisen, esim. itsevarmuudesta kertovan viestin.

Ajattelumme puolestaan muodostuu pääasiassa sisäisestä keskustelustamme sekä mielikuvistamme. Se, minkälaista sisäistä keskustelua käymme ja millä sävyllä, vaikuttaa suuresti tunteisiimme. Samoin myös mielikuvat, joita katsomme: näemmekö kuvia onnistumisista vai kenties epäonnistumisista?

Pelkästään siis jo oikein määritellyillä tavoitteilla ja tarkoituksenmukaisella tunnetilalla voimme saada aikaan todella merkittäviä parannuksia suorituskyvyssämme. Toki huippusuoritukseen liittyy vielä muitakin tekijöitä. Kaikkia edellä mainittuja ja muitakin menestykseen ja huippusuoritukseen liittyviä tekijöitä voidaan kuitenkin harjoittaa ja parantaa varsin nopeasti mm. tehokkailla NLP-harjoituksilla ja -tekniikoilla.

Yllämainitut elementit ja harjoitteet liittyvät myös olennaisina osina pitkälti NLP:hen perustuvaan Huippusuoritusvalmennukseen, jonka tarkoituksena on osaltaan auttaa ihmisiä saavuttamaan haluamaansa menestystä käytännössä millä tahansa elämänalueellaan.

Burnout, boreout ja flow

13.10.2011 Helsingin Sanomissa oli artikkeli tunnetun jääkiekkovaikuttajan Juhani Tammisen totaalisesta loppuun palamisesta, burnoutista. On hienoa, että "Aurinkokuningas" tuli julkisuuteen burnoutinsa suhteen, hienoa sen sijaan ei ole, että hän joutui sen kokemaan. Valitettavasti "Tami" ei myöskään ole ainoa.

Burnout syntyy periaatteessa silloin, kun haasteet ja vaatimukset ovat tarpeeksi pitkään merkittävästi liian suuret käytettävissä oleviin voimavaroihin ja resursseihin (esim. aika ja osaaminen) nähden.

Toisena ääripäänä voi esiintyä, julkisuudessa huomattavasti vähäisemmälle huomiolle jäänyt, nk. "boreout", eli täydellinen tylsistyminen, joka puolestaan syntyy, kun voimavarat ja resurssit ovat tarpeeksi pitkään merkittävästi suuremmat käsillä oleviin haasteisiin ja vaatimuksiin nähden. "Boreoutin" seuraukset ovat hyvin samankaltaiset burnoutin kanssa: ihminen ei saa käytännössä enää mitään aikaiseksi, on täysin tyhjä olo.

Burnoutin ja boreoutin välissä kulkee sitten se hyvinkin toivottu tila, nk. flow-tila, jolloin kaikki tuntuu sujuvan kuin unelma. Tämä tila on mahdollista saavuttaa, kun haasteet ja vaatimukset ovat optimaalisessa suhteessa resurssien suhteen. Flow-tilassa ihminen toimii siis optimaalisessa suoritus- tilassa. Tämä on myös äärimmäisen nautinnollinen tila työskennellä, oli kyseessä sitten urheilusuoritus, työsuoritus, esiintymistilanne tai melkein mitä muuta tahansa.

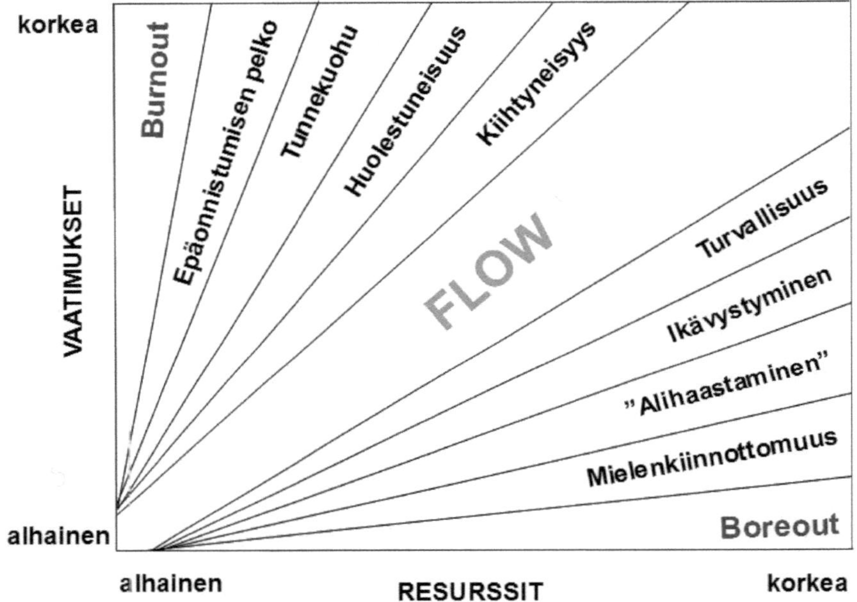

Flow-tilan saavuttaminen ei ole automaatio, mutta sen saavuttamista voidaan edesauttaa merkittävästi. Tärkeintä on nimenomaan se, että henkilöön kohdistuvat vaatimukset ja hänellä käytössään olevat resurssit ovat optimaalisessa suhteessa toisiinsa nähden. Koska näiden ylläpitäminen juuri oikeassa suhteessa on käytännössä usein mahdotonta, liikkuu ihminen ihanteellisissakin olosuhteissa lähestulkoon jatkuvasti jossain vähintäänkin kiihtyneisyyden ja turvallisuuden tunteen välimaastossa.

Flow-tilassa toimimisen kannalta onkin tärkeää, että tunnistetaan milloin vaatimustaso alkaa aiheuttaa voimakkaampia negatiivisia tunnetiloja, kuten huolestuneisuutta, jolloin joko haaste- ja vaatimustasoa tulisi hieman laskea tai sitten antaa lisää resursseja joko esim. koulutuksen tai käytettävissä olevan ajan muodossa. Vastaavasti, mikäli aletaan huomata merkkejä esim. ikävystymisestä, tulisi henkilön saada pikimmiten enemmän haasteita.

Näiden merkkien havaitseminen voi usein olla vaikeaa, varsinkin jos kaikki ihmiset myös ympärillä ovat kovasti kiinni omissa kiireissään. Tämän vuoksi ammattimaisen mentorin tai coachin käyttö saattaa olla paras ratkaisu optimaalisen suoritustason ja henkisen hyvinvoinnin saavuttamiseksi ja burnoutin tai boreoutin välttämiseksi.

Hyvä olo vs. paha olo

Olen monissa kirjoituksissani keskittynyt paljolti menestykseen, huippusuorituksiin ja muuhun tavoitteita kohti suuntautuvaan kirjoitteluun. Tämä luku käsittelee kuitenkin hieman enemmän sitä elämän synkempää puolta, pahaa oloa – tavalla tai toisella.

Paha olo – oli kyse sitten huolestuneisuudesta, pelosta tai jopa paniikista – johtuu pohjimmiltaan vain ja ainoastaan yhdestä asiasta: nimittäin siitä, että suuntaamme ajatuksemme ja huomiomme siihen, mitä haluamme välttää. Aina, kun ajattelemme jotain, mitä emme halua elämäämme, tunnemme olomme huonoksi. Joskus tunne voi olla lievä ja joskus tunne voi olla niin voimakas, että se ottaa meistä kokonaan vallan.

Hyvän olon ja pahan olon prosessi on sinällään samanlainen. Ajattelumme koostuu pääasiassa mielikuvistamme ja sisäisestä keskustelustamme. Jos katsomme mielessämme kuvia epämiellyttävistä asioista, toisin sanoen asioista, joita emme haluaisi elämäämme, tai puhumme itsellemme negatiivisella äänensävyllä negatiivisista asioista, ne tuottavat meille aivan fyysisestikin huonoa oloa. Jos sen sijaan katsomme kuvia asioista, joista nautimme ja joita haluamme lisää elämäämme tai puhumme itsellemme miellyttävällä äänensävyllä mukavista asioista, vaikutus on päinvastainen. Tähän kun lisää vielä fyysisen asentomme – sulkeutunut, kumara asento vs. ryhdikäs, avoin asento – on paketti melko lailla kasassa.

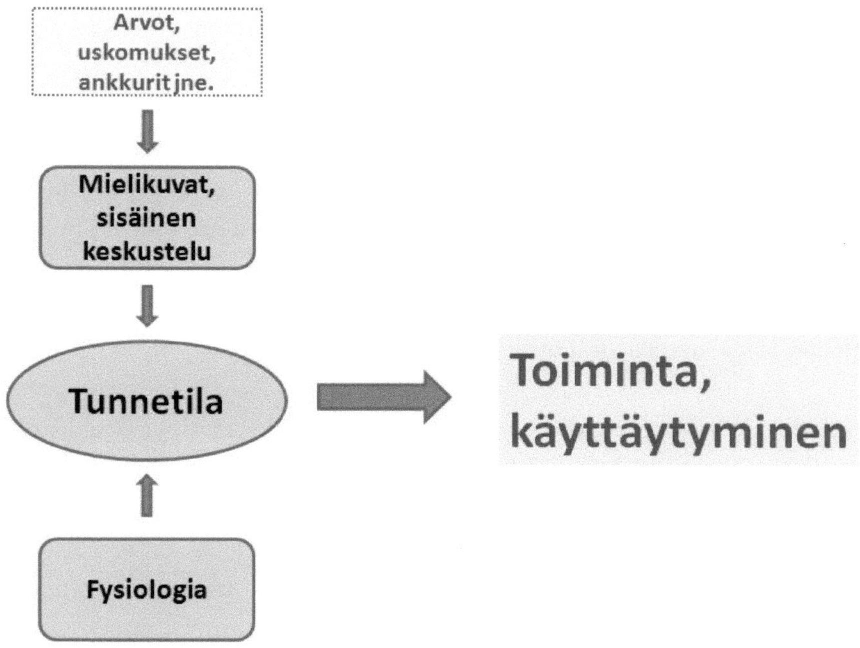

Mielenkiintoinen kysymys onkin, kuka sitten ohjaa ajatteluamme ja kehomme asentoja? Vastaus on tietenkin: me itse.

Mutta onko asia kuitenkaan niin yksinkertainen?

Me olemme elämämme varrella oppineen huiman määrän erilaisia tapoja, ehdollistumia (ankkureita), uskomuksia, strategioita ja ties vaikka mitä, jotka ovat sillä oppimishetkellä palvelleet ja suojelleet meitä. Jokin opittu tapa tai uskomus, joka on ollut meille jossain tilanteessa hyödyksi, ei kuitenkaan välttämättä ole sitä muissa elämäntilanteissamme. Silti olemme saattaneet tiedostamattomassa mielessämme muodostaa yhtäläisyyden tai vastaavuuden pelkästään jopa yhden kokemuksen perusteella. Näistä tavoista ja uskomuksista on saattanut muodostua meille rajoitteita, jotka ikään kuin rajoittavat vapauttamme valita sitä, miten ajattelemme. Ja kaikki tämä tapahtuu pääsääntöisesti automaationa, tiedostamattoman mielemme ohjaamana.

Kun haluamme päästä eroon huolestuneisuudesta, peloista tai jopa paniikkikohtauksista, meidän on opetettava aivomme ajattelemaan uudella tavalla. Tähän on olemassa lukematon määrä tekniikoita, mutta viime kädessä kyse on kuitenkin tuosta hyvin yksinkertaisesta asiasta: Sen sijaan, että ajattelisimme sitä, mitä **emme halua** tapahtuvan, meidän tulee ajatella sitä, mitä **haluamme** tapahtuvan.

Esimerkiksi eräs voimakkaista paniikkikohtauksista kärsinyt asiakkaani sai aiemmin paniikkikohtauksen ajatellessaan sillan ylittämistä autolla. Hän loi itselleen paniikin näkemällä mielikuvia siitä, kuinka hän menettää auton hallinnan ja hän syöksyy autoineen sillalta alas. Opetin ensin asiakastani ikään kuin neutraloimaan paniikin tunteen muokkaamalla näitä mielikuvia siitä, mitä hän ei halunnut tapahtuvan. Tämän jälkeen opetin häntä katsomaan mielessään videota, jossa hän ajaa turvallisesti sillan toiselle puolelle. Jo pelkästään tämän avulla hän raportoi onnistuneensa usean sillan ylityksessä ilmaan tietoakaan paniikista. Seuraavassa vaiheessa keskityimme sitten suuntaamaan ajatuksia vielä enemmän niihin asioihin, joita hän haluaa tapahtuvan. Tuloksena oli pahan olon (paniikin) sijaan hyvää, miellyttävää oloa.

Vaikka ero sen välillä onko meillä hyvä vai paha olo onkin hyvin yksinkertainen, tarvittavan muutoksen tekeminen voi usein olla vaikeaa yksin. Onneksi NLP tarjoaa kuitenkin hämmästyttävän tehokkaita tapoja ja tekniikoita tarkoituksenmukaisten muutosten tekemiseen.

Enemmän hyvää oloa, vähemmän pahaa oloa

Minulta on kysytty paljon, miten sen pahan olon saa oikeasti muutetuksi hyväksi oloksi?

Valitettavasti siihen ei oikein ole kaikkivoipaa, kaiken kattavaa ratkaisua tai yhtä ainoaa tekniikkaa, sillä kaikki tunnetilamme ovat aina meille itsellemme uniikkeja, subjektiivisia kokemuksia. Lisäksi, NLP:kin pitää sisällään satoja tekniikoita, joiden kaikkien tarkoituksena on, tavalla tai toisella, tuottaa meille parempia ja tarkoituksenmukaisempia tunnetiloja ja niiden myötä tarkoituksenmukaisempaa toimintaa ja käyttäytymistä, mikä puolestaan johtaa parempiin tuloksiin elämässämme.

Joka tapauksessa, ensimmäisenä askeleena voitaisiin pitää sitä, että tulemme ylipäätään tietoisiksi tunnetiloistamme. Mikäli haluamme päästä eroon huonoista tunnetiloista ja haluamme saada niiden tilalle hyviä tunnetiloja, meidän tulee ensin olla tietoisia näistä tunnetiloista. Kun havaitset olevasi huonossa tunnetilassa – kokiessasi pahaa oloa – voit ryhtyä korjaamaan sitä, muuttamaan tunnetilaasi paremmaksi. Monet meistä eivät vain edes tunnista huonoja tunnetilojaan, vaan elävät niissä päivästä päivään ikään kuin autopilotin ohjauksessa. Tässä tietoiseksi tulemisessa voi auttaa myös esimerkiksi mindfulness, joka tarkoittaa pitkälti tässä hetkessä elämistä ja oman tietoisuuden lisäämistä. Monet meditaatiot, transsit ja rentoutukset ovat myös omiaan lisäämään omaa tietoisuutta itsestämme.

Jos koet, että tuo tietoiseksi tuleminen tuntuu liian vaikealta tai raskaalta prosessilta, niin ammattimainen valmentaja tai coach saattaa olla paras vaihtoehto päästä selville noista asioista. Ammattimainen valmentaja voi päästä hyvinkin nopeasti selville mieltäsi, tunteitasi ja toimintaasi rajoittavista tekijöistä sekä auttaa sinua muuttamaan ne sinulle tarkoituksenmukaisemmiksi.

Näistä tunnetiloista tietoisena oleminen on kuitenkin tärkeää, sillä jos et tiedä mitä haluat muuttaa, muuttaminen on melko lailla hankalaa.

Autoin joitain vuosia sitten erästä asiakasta, jolla oli pitkä lista, n. 20 asiaa, joihin hän halusi saada muutoksen. Lista sisälsi mm. sellaisia asioita kuin kaikenlaiset sosiaaliset pelot ja pelot yleensäkin, yleinen huolestuneisuus ja masennus, kova väsymys ja voimattomuus, mielen hallinta ja unettomuus sekä useita muita. Tällaisissa tapauksissa on usein tärkeää selvittää itselleen mikä ylipäätään on elämässä tärkeää. Lähdimme siis selvittämään asiakkaani arvomaailmaa. Suuri yllätys ei ollutkaan, että hänellä oli vaikeuksia kertoa, mitä nämä hänelle tärkeät asiat olivat; hän ei ollut kerta kaikkiaan koskaan oikein pohtinut tätä.

Kun olimme selvittäneet hänen arvonsa ja arvohierarkiansa, huomasimme, että niissä oli joitain ristiriitoja. Arvoista kolme tärkeintä kuvastivat asioita, joiden taustalla oli itse asiassa tarve välttää huonoja asioita ja vasta neljäntenä tuli hyvän olon tarve. Kuten aiemmin olen jo maininnut, mikäli huomiomme kiinnittyy enimmäkseen asioihin, joita haluamme elämässämme välttää, tuloksena on paljon pahaa oloa.

Asiakkaani tapauksessa, kuten yleensäkin on laita, näillä kolmella vältettävällä asialla sekä listan neljännellä, hyvällä ololla, oli pohjimmiltaan sama hyvä tarkoitus. Pohjimmiltaan niiden kolmen ensimmäisen arvon taustalla oli myös tarkoitus saada ja tuottaa hyvää oloa, mutta niiden ilmenemismuoto vain oli negatiivisesti suuntautunut. Kun tämä oli selvinnyt asiakkaalleni, teimme hänen kanssaan Visual Squash –nimisen NLP-harjoituksen, joka laukaisi voimakkaita tunteita ja oivalluksia asiakkaassani.

Tämä oli hyvä alku ja muutosprosessi oli alkanut. Visual Squashin lisäksi teimme vielä useita muitakin NLP-tekniikoita, kuten mm. Loogiset tasot –harjoituksen. Lopputuloksena oli silminnähtävä muutos asiakkaassani: hän oli selvästi rentoutunut ja helpottunut, kasvot olivat saaneet tervettä väriä ja hän näytti itse asiassa 10-15 vuotta nuoremmalta. Kaikki tämä alle kahdessa tunnissa. Asiakkaani oli myös hämillään, kun hän ei enää edes päässyt käsiksi häntä aiemmin niin paljon huolettaneisiin asioihin. Aiempien ongelmien sijaan hän oli alkanut nähdä ratkaisuja ongelmiin sekä suunnan kohti parempaa oloa.

Loppujen lopuksi kyse ei ole mistään monimutkaisista asioista. Kyse on pitkälti siitä, että opettelemme uuden strategian, uuden tavan ajatella asioita. Siinä missä ennen olimme kiinni oppimassamme strategiassa ajatella asioita tavalla, joka tuotti meille pahaa oloa, voimmekin opetella uuden strategian, ajatteluprosessin, joka tuottaa meille ratkaisuja ja hyvää oloa. Kun tulemme tietoisiksi näistä meitä huonosti palvelevista strategioista, muutosprosessi parempaan voi alkaa.

Mikä siis on neuvoni?

- Pysähdy ja rentoudu. Mikäli pidät yllä jatkuvaa kiirettä ja stressiä, on omista ajatuksista tietoiseksi tuleminen äärimmäisen vaikeaa, ellei peräti mahdotonta.
- Tiedä mitä haluat, mikä on sinulle tärkeää. Mikäli ajatuksesi pyörivät niiden asioiden ympärillä, joita haluat elämässäsi välttää, mieti mitä haluat niiden asioiden sijaan, mitä kohti haluat mennä?

Mikäli prosessi tuntuu sinusta liian pitkältä tai vaivalloiselta, ota yhteyttä pätevään NLP-valmentajaan tai ilmoittaudu NLP-kurssille. Saatat hämmästyä, kuinka voit saada aikaan merkittäviä muutoksia hyvinkin lyhyessä ajassa.

Minun totuuteni vai sinun totuutesi?

Meistä jokainen on varmaankin joskus kohdannut elämässään tilanteita, joissa me ihmettelemme, että miten ihmeessä tuo toinen ihminen ei ymmärrä minua lainkaan tai sitä, mitä tarkoitan? Tai "kuinka tuo ihminen voi sanoa tuollaisia asioita?" Tai "mitenkä ihmeessä tuo ihminen käyttäytyy tuolla tavalla?"

Syy kaikkeen tuohon on se, että me jokainen katsomme tätä maailmaa ikään kuin "oman totuutemme" kautta. Meillä kaikilla on jokaisesta tilanteesta ja asiasta meidän oma totuutemme ja jollekin toiselle ihmiselle se "totuus" on aivan toisenlainen kuin vaikkapa minulle.

Sinun "totuutesi" on siis erilainen kuin minun "totuuteni."

Jollekin ihmiselle esimerkiksi autio uimaranta voi olla aivan kamala paikka, koska siellä ei ole muita ihmisiä. Joku voi kokea paikan esim. yksinäiseksi ja tylsäksi. Joku toinen taas kokee saman paikan aivan ihanaksi, koska saa olla rauhassa.

Meidän omaan "totuuteemme" vaikuttaa paljolti mm. se, mitä me pidämme tärkeänä, millaiset meidän arvomme ovat. Arvostatko siis esim. sosiaalisuutta vai arvostatko kenties sitä, että saat olla yksin omassa rauhassasi?

Arvoilla on siis todella suuri merkitys oman totuutemme muodostumiseen.

Toinen merkittävä tekijä on uskomuksemme. Mitä me uskomme itsestämme, muista ihmisistä ja tästä ympäröivästä maailmastamme.

Onko maailma hyvä vai paha, ovatko ihmiset hyviä vai pahoja? Kuka minä olen, mitä minä teen? Minkälainen olen ihmisenä?

Kun siis kohtaat joskus ihmisen, joka mielestäsi kohtelee sinua vaikkapa epäoikeudenmukaisesti ja sinä kauhistelet, että kuinka hän voi tehdä sinulle tuolla tavoin, niin hänen totuutensa voi vain yksinkertaisesti olla täysin erilainen kuin sinun. Hänen arvomaailmansa ja hänen uskomuksensa eivät ikään kuin sovi yksiin sinun arvomaailmasi ja uskomustesi kanssa. Ehkä hän uskoo itsestään jotain sellaista, joka vaikuttaa hänen käyttäytymiseensä kyseisessä tilanteessa.

Meillä jokaisella on ikään kuin oma karttamme, mallimme maailmasta, jonka perusteella me suunnistamme elämässämme ja jonka perusteella toimimme ympäristössämme, niin kuin toimimme. Tämä karttamme on myös aina täysin uniikki, meillä jokaisella on täysin omanlainen karttamme, ja on hyvä ymmärtää ja tiedostaa, että se ihminen, joka käyttäytyy huonosti sinua kohtaan, ei välttämättä tarkoita sillä mitään pahaa. Hän ei vaan kerta kaikkiaan ajattele samalla tavalla kuin sinä – hänen ajattelunsa ei toimi samalla tavalla kuin sinun ajattelusi, koska hänen karttansa, hänen mallinsa maailmasta, on aivan erilainen.

Kun me opimme ymmärtämään sen, että meillä jokaisella on oma uniikki mallimme maailmasta ja että me jokainen ajattelemme ja toimimme omalla tavallamme ja arvostamme eri asioita ja että me uskomme eri tavalla eri asioista (plus vielä koko nippu muita asiaan vaikuttavia seikkoja), meidän on kenties hieman helpompi hyväksyä toisten käyttäytymistä.

On toisaalta myös hyvä itse tunnistaa, että me emme itse ehkä aina olekaan oikeassa. Se meidän "totuutemme" ei oikeasti ole totuus. Se on vain meidän käsityksemme totuudesta.

Itse asiassa meistä kukaan ei todellisuudessa tiedä mikä on se todellinen totuus, sillä me katsomme maailmaa aina meidän omien "linssiemme" kautta. Ja nämä meidän linssimme muodostuvat monesta eri tekijästä: niihin vaikuttavat mm. meidän arvomme, uskomuksemme, nk. meta-ohjelmamme ja vaikka mitä muuta vielä.

Kun seuraavan kerran siis kohtaat ihmisen, josta ajattelet, että piru vieköön, kuinka tuo ihminen oikein toimii noin, miksi hän ei ymmärrä minua, miksi hän tekee minulle tällaisia asioita? – niin ehkä olisikin parempi miettiä, että hmm… mitähän tuon ihmisen mallissa maailmasta on sellaista, joka saa hänet käyttäytymään noin?

Silloin, kun me pääsemme edes hieman perille toisen ihmisen mallista maailmasta, me saatamme myös löytää sieltä niitä asioita, joiden avulla me saamme oman viestimme perille siten, että se toinen ihminen hyväksyy meidän näkemyksemme paremmin.

Nämä kaikki ovat asioita, jotka vaikuttavat kommunikointiimme ja joita me NLP:ssä käymme paljon läpi ja mitä me NLP:ssä tutkimme. Itse asiassa NLP:n avulla nämä asiat selviävät usein ja kykenemme kommunikoimaan keskenään paremmin.

Mikä on siis sinun totuutesi? Mikä on sinun ystäviesi tai sukulaistesi totuus? Meillä kaikilla kun on oma totuutemme…

Itsensä kehittämisen kirjoista

Yksi helpoimmista ja halvimmista tavoista kehittää itseään on kirjojen lukeminen. Itsensä kehittämisenkin kirjojen määrä on myös meillä Suomessa jatkuvasti kasvussa. Miksi näin on? Kuka niitä oikein lukee?

Eräällä tapaa itsensä kehittämisen kirjoja on ollut saatavilla jo kauan aikaa, aivan ensimmäisistä johtamisoppaista aina nykyisiin itsensä kehittämisen ja henkilökohtaisen kehittymisen kirjoihin. Mutta kun asiaa ajattelee hieman tarkemmin, ehkä kaikkien aikojen luetuin itsensä kehittämisen kirja kirjoitettiin jo noin pari vuosituhatta sitten ja tätä kirjaa luetaan vielä tänä päivänäkin aktiivisesti ympäri maailmaa. Tämä kirja on Raamattu.

Nykyään markkinoilla on niin runsas määrä erilaisia itsensä kehittämiseen liittyviä kirjoja, että monille, varsinkin aiheesta vasta kiinnostuneille, voi olla varsin vaikeaa valita minkä kirjan lukisi. Vaikka onkin käytännössä mahdotonta antaa mitään yleispätevää ohjetta tai neuvoa, on kuitenkin pari seikkaa, joita sinun kannattaa ottaa huomioon, kun päätät, minkä kirjan luet seuraavaksi:

1. Etsi/kysy suosituksia ihmisiltä, joihin luotat ja joita arvostat. Kysy valmentajaltasi tai mentoriltasi, keskustele aiheesta foorumeilla, lue itsensä kehittämisen sivustoja ja etsi vinkkejä. Monet ihmiset ovat enemmän kuin halukkaita auttamaan ja antamaan suosituksiaan.

2. Luota intuitioosi. Mene kirjakauppaan tai kirjastoon ja selaa itsensä kehittämisen hyllyjä. Lue kirjojen etu- ja takakansia ja yksinkertaisesti

vain nappaa kirja, joka jollain tapaa tuntuu houkuttavan sinua. Usein tiedostamaton mielesi tietää parhaiten.

Pääasia kuitenkin on, että luet niitä. Suosittelen, että luet erilaisia itsensä kehittämisen kirjoja, ainakin niin kauan, kunnes saat tunteen siitä, mikä sopii sinulle parhaiten. Sen jälkeen lue lisää juuri niitä kirjoja. Ja sitten jonkin ajan kuluttua tutki taas uuden tyyppisiä kirjoja.

Mielestäni on tärkeää, että löydät sen mikä toimii parhaiten juuri sinulle ja että paneudut syvemmin juuri siihen. Älä kuitenkaan jää liian tiukasti kiinni vain yhteen tapaan kehittää itseäsi. Laajenna perspektiiviäsi aina silloin tällöin.

Suosittelenkin, että aina kun matkustat tai sinulla on joitain hetkiä aikaa itsellesi, ota käteesi hyvä inspiroiva kirja ja lue. Tai kuuntele äänikirjoja ja itsensä kehittämisen ohjelmia ja kursseja, katso videoita YouTubesta. Niiden avulla et ainoastaan saa aikaasi kulumaan nopeammin, vaan niiden avulla saat inspiraatiota elää elämääsi monella tapaa aina vain paremmin.

On myös hyvin tärkeää tunnistaa, että vaikka lukemalla voi oppia paljon ja hyvät kirjat voivat antaa sinulle runsaasti uusia oivalluksia sekä motivoida sinua parempaan elämään, ne eivät kuitenkaan voi antaa sinulle kaikkea tarvitsemaasi. Kirjat ovat aina suunnattuja suuremmille joukoille ihmisiä, eivät yhdelle yksittäiselle ihmiselle. Jotta pääset mahdollisimman tehokkaasti eteenpäin itsesi kehittämisen tiellä, suosittelen vilpittömästi, että hankit itsellesi valmentajan (coachin) tai mentorin – tai vaikka useampia. Jo pelkästään muutama tapaaminen hyvän valmentajan kanssa voi auttaa sinua äärimmäisen paljon ja antaa sinulle kunnon avituksen oikeaan suuntaan. Tästä aiheesta lisää myöhemmin myös tässä kirjassa.

Hyvät itsensä kehittämisen kirjat tukevat sinua pyrkimyksissäsi ja antavat hyviä neuvoja, mutta ne eivät kykene millään antamaan sellaisia henkilökohtaisia, juuri sinulle räätälöityjä ohjeita ja ajatuksia, joita voit saada coachilta tai mentorilta. Älä kuitenkaan unohda kysyä valmentajaltasi myös suosituksia hyvistä kirjoista!

Kuinka elää onnellisempaa elämää?

Meille on tarjolla roppakaupalla hyviä neuvoja siihen, kuinka saada parempi elämä, kuinka olla onnellisempi jne. Jotkut kehottavat ajattelemaan positiivisesti, toiset kannustavat sinua katsomaan aina asioiden parempaa puolta. Vaikka kaikki tuo onkin avuksi ja tavallaan tottakin, loppujen lopuksi tuo kaikki kiteytyy yhteen asiaan: Tee sitä mitä rakastat tehdä.

"Helpommin sanottu kuin tehty," sinä sanot? "Minun pitää käydä töissä, huolehtia lapsista, kuljettaa heitä harrastuksiin, ruokkia heidät, siivota kotia jne." Miten siis löytää aikaa tehdä niitä asioita, joita itse rakastaa tehdä?

On periaatteessa kaksi tapaa tehdä tarvittava muutos. Joko otat pieniä askeleita kerrallaan tai sitten teet kertarykäyksellä massiivisen muutoksen. Kumpi tahansa vain toimii sinulle paremmin. Joitakin ihmisiä vain motivoivat enemmän isot muutokset, kun taas toisia motivoi enemmän asteittainen kehitys. Se, miten sinä siis teet tarvittavan muutoksen, on kiinni sinusta, mutta tosiasia kuitenkin on, että elääksesi onnellisempaa elämää, sinun tulee tehdä enemmän niitä asioita, joista pidät.

Kuivittelepa eteesi maalitaulu, jossa on keskipisteen ympärillä kolme kehää. Maalitaulun uloin kehä edustaa asioita, jotka eivät ole kiireellisiä eivätkä tärkeitä sinulle. Näitä asioita voi olla esim. TV:n katselu, hengailu kavereiden kanssa, roskaromaanin lukeminen tai jotain sellaista.

Toiseksi uloin kehä edustaa asioita, jotka ovat kiireellisiä, mutta eivät tärkeitä. Nämä ovat niitä pikku kiireitä, jotka usein tuntuvat täyttävän päivämme. Ne voivat usein olla asioita, joita muut ihmiset ovat pyytäneet sinua tekemään, mutta jotka eivät millään tavalla ole tärkeitä sinulle. Nämä pikku kiireet saavat kenties sinut tuntemaan itsesi tärkeäksi ja kiireiseksi, mutta ne eivät loppujen lopuksi palvele sinua ja sinun tarkoituksiasi.

Kolmanneksi uloin kehä puolestaan edustaa asioita, jotka ovat tärkeitä ja kiireellisiä. Nämä ovat pääasiassa tärkeitä asioita, joihin sinä joudut reagoimaan, kuten vaikka lapsen loukkaantuminen tai jokin äkillisesti eteen tullut tehtävä tai projekti, jonka todella haluat hoitaa.

Sitten on se maalitaulun keskusta. Nämä ovat asioita, jotka ovat tärkeitä, mutta eivät kiireellisiä. Tämä edustaa elämäsi proaktiivista osa-aluetta, jolloin työskentelet niiden asioiden parissa, joita todella haluat tehdä, mutta joihin ei ole yhdistynyt minkäänlaista painetta tai kiirettä. Tämä on myös se osa-alue, jolloin suunnittelet ja luot asioita.

Jotta voisit alkaa rakentaa sitä elämää, jota haluat elää – sitä onnellisempaa elämää – sinun tulee viettää enemmän aikaa maalitaulun keskiosassa. Sinun tulee käyttää enemmän aikaa niihin asioihin, jotka ovat tärkeitä sinulle, mutta jotka eivät ole kiireellisiä. Tämä ei tarkoita sitä, että sinun tulisi lopettaa kokonaan ajan käyttäminen noissa muissa osa-alueissa. Se tarkoittaa pikemminkin sitä, että sinun tulee lisätä sitä aikaa, jonka vietät tekemällä niitä asioita, joita maalitaulun keskiö edustaa.

Miten sitten kykenet siihen, kun elämäsi on niin hektistä etkä kerta kaikkiaan löydä aikaa siihen? Vastaus on: sinun tulee priorisoida, asettaa asioita tärkeysjärjestykseen. Tarjolla on runsain määrin erilaisia ajanhallinnan ohjelmia, joten en aio tässä yhteydessä mennä sen enempää ajanhallinnan yksityiskohtiin. On kuitenkin joitain erittäin hyödyllisiä kysymyksiä, joita voit kysyä itseltäsi, kun kirjoitat tehtävälistojasi tai pohdiskelet mitä tehdä seuraavaksi. Kysy itseltäsi:

- "Onko tämä todellakin tärkeää *minulle?*"

- "Viekö tämän asian tekeminen minua kohti *minun* tavoitteitani?"

- "Edistääkö tämä *onnellisempaa* elämää minulle?"

Näihin kysymyksiin vastaaminen ei ehkä tuo sinulle välitöntä parannusta elämääsi, mutta kun alat kysyä näitä kysymyksiä itseltäsi säännöllisesti, tulet pian huomaamaan muutoksen siinä, kuinka teet ja kuinka katsot asioita.

Äläkä ole huolissasi siitä, että sinusta olisi tulossa itsekäs, jos alat kiinnittää enemmän huomiota omiin tarpeisiisi ja haluihisi. Jos haluat tehdä toisten elämästä onnellisempaa, sinun tulee ensin itse olla onnellinen. Et nimittäin voi antaa muille sellaista mitä sinulla ei ole antaa.

Irti päästämisen merkitys Muutoksen universaalissa kierrossa

Ymmärrän, että otsikko kuulostaa melko lennokkaalta, mutta yritä kestää – asia on nimittäin erittäin mielenkiintoinen ja erittäin tärkeä:

Muutoksen universaalissa kierrossa – siinä luonnollisessa kierrossa, joka kuvaa kaikkea universumissa tapahtuvaa kehitystä – on seitsemän vaihetta:

1. **Luominen** – kaikkien muutosprosessien alkupiste.

2. **Kasvu** – luomisen toteutuminen ja muotoutuminen.

3. **Kypsyyden monimutkaisuus** – vakiintuneisuuden tilan saavuttaminen, jolloin järjestelmä toimii parhaimmillaan.

4. **Turbulenssi** – järjestelmän tuleminen liian monimutkaiseksi kasvun ja kehityksen myötä, jotta se voisi toimia optimaalisella tasolla.

5. **Kaaos** – järjestelmä alkaa murtua.

6. **Irti päästäminen** – luopuminen osista, jotka eivät enää palvele tarkoitusta.

7. **Meditaatio ja sisäinen hiljaisuus** – uudistumisen ja nuorentumisen tila.

Muutoksen universaali kierto

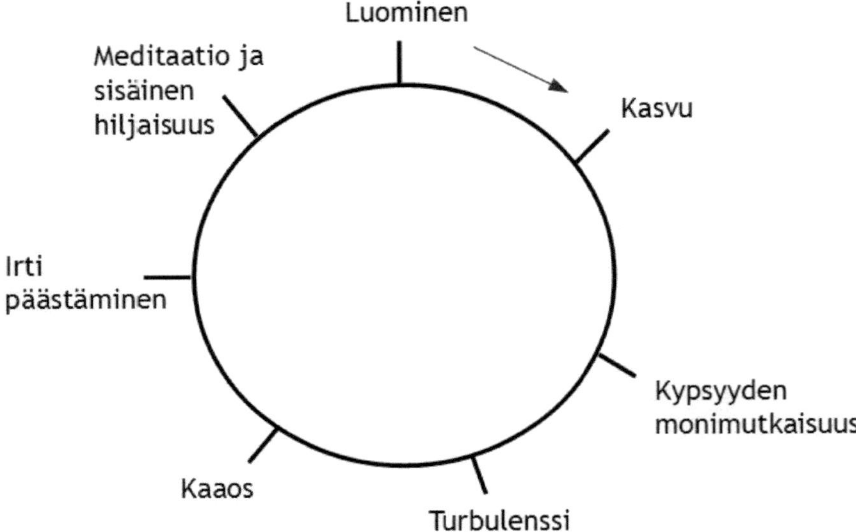

Kaikki universumissa — ja elämässä — joutuu käymään läpi tämän kierron kehittyäkseen, uudistuakseen tai edetäkseen korkeammalle tasolle. Saatat huomata eri vaiheet omassa kasvun kierrossasi mm. seuraavin merkein:

Mikäli haluat, tavalla tai toisella, elää parempaa elämää, ensimmäinen askel on **luoda** visio sellaisesta elämästä, jonka haluat sekä niistä tavoitteista, joita haluat saavuttaa matkalla siihen visioosi.

Tämän jälkeen sinun tulee aloittaa toiminta tavoitteittesi saavuttamiseksi. Aloitat visiosi mukaisen rakennusprosessin ja visiosi alkaa muodostua fyysisiksi asioiksi. **Kasvat** kohti visiotasi, ikään kuin puu, joka alkaa itää siemenestä.

Saavuttaessasi tavoitteitasi, monet asiat sujuvat jouhevasti ja sinulla on hyvä meno päällä. Toimit ja työskentelet kenties "flow"-tilassa. Ideasi on saavuttanut **kypsyyden.**

Samalla kun työstät yhä useampia välitavoitteistasi, alat huomata, että asiat tulevat yhä vaikeammiksi käsitellä. Alat kasvaa ulos nykyisistä rajoistasi, mikä aiheuttaa **turbulenssia.**

Lopulta saavutat pisteen, jolloin et enää kykene pitämään kaikkia lankoja käsissäsi yhtä aikaa. Olet ikään kuin lisännyt liian monta lankaa lankanippuusi, etkä enää hallitse jokaisen toimintaa. Homma muuttuu **kaoottiseksi.**

Sinun täytyy **päästää irti** niistä asioista, jotka eivät enää palvele sinua ja visiotasi hyödyllisimmällä tavalla. Aivan kuten käärme luo nahkansa ja puu pudottaa lehtensä, sinun täytyy luopua vanhoista tavoistasi ja uskomuksistasi, jotka estävät sinua kasvamasta edelleen.

Irti päästämisen jälkeen sinun tulee **palautua ja elpyä.** Mene sisälle itseesi ja valmistaudu uuteen luomisprosessiin. Vedä syvään henkeä ja kerää voimasi uudelleen. Kehityksen kierto on alkamassa uudelleen.

Monet meistä aloittavat prosessin ilman sen suurempia vaikeuksia. Seilaamme läpi kierron aina turbulenssiin tai kaaokseen asti. Ja iskeydymme tiiliseinään. Niin monet meistä eivät osaa päästää irti vanhoista uskomuksistamme ja tavoistamme, jotka palvelivat meitä joskus hyvin, mutta jotka nyt estävät meitä kasvamasta ja matkaamasta kohti visiotamme. Useimmille meistä irti päästäminen on se vaikein vaihe.

Jos tarkastelet mitä tahansa asiaa luonnossa, huomaat, että me ihmiset olemme ainoita olentoja universumissa, joilla on vaikeuksia päästää irti jostain sellaisesta, joka on esteenä kasvullemme.

Meillä on tapana pitää kynsin hampain kiinni kaikenlaisesta turhasta, jota olemme itsellemme keränneet. Ja suurin osa meistä pitää tiukasti kiinni ainakin uskomuksista, jotka olemme oppineet joskus lapsena. Nuo uskomukset palvelivat ja suojelivat meitä kenties niin hyvin ollessamme lapsia, mutta kasvaessamme vanhemmiksi ja elämän muuttuessa monimuotoisemmaksi, monet noista uskomuksista eivät enää palvele tarkoitustaan. Niistä tulee meille rajoitteita, rajoittavia uskomuksia.

"Muuttuaksemme meidän tulee olla halukkaita päästämään irti vanhasta tavastamme olla. Jos se tapa miten näemme asiat ei muutu,
jos pidämme kiinni vanhasta,
saamme jatkossakin aikaan vain samanlaisia tuloksia."
– Bill Harris

On olemassa useita tapoja ja tekniikoita, joiden avulla voimme muuttaa näitä rajoittavia uskomuksiamme. Maxwell Maltz kuvaa esimerkiksi kuusiviikkoisen prosessin kirjassaan Psycho-Cybernetics. On kuitenkin myös paljon nopeampia tapoja päästä samoihin lopputuloksiin. NLP on osoittanut, että näitä rajoittavia uskomuksia on mahdollista muuttaa jopa muutamassa minuutissa.

Muutoksen universaali kierto, The Universal Cycles of Change, on Kris Hallbomin kehittämä malli. Kris Hallbom on The NLP Coaching Institute of Californian toinen perustaja.

Kuinka saada aikaan muutos elämässä?

Tekemällä samoja asioita samalla tavalla, voit saada aikaan ainoastaan samanlaisia tuloksia. Jos haluat, että jokin asia elämässäsi muuttuu, sinun on tehtävä jotain uudella tavalla. Jos haluat tehdä jotain uudella tavalla, se edellyttää muutosta myös ajattelussasi.

Monia ihmisiä muutos, jopa pienikin, hirvittää. Samanlaisuus ympäristössä ja toiminnassa luo turvallisuuden tunnetta. Mutta entäpä jos toisin toimimalla asiat muuttuisivat paremmiksi, jopa turvallisemmiksi? Useimmiten sitä ei tiedä, ellei oikeasti kokeile.

Jos nyt hetkeksi pysähdyt miettimään, mikä voisi olla sellainen asia elämässäsi, jonka haluaisit olevan paremmin, niin mikä se asia olisi? Ehkä löydät niitä useampiakin.

Kuinka kauan olet halunnut tuota muutosta? Mitä olet tehnyt muutoksen aikaansaamiseksi? Mitä siitä seuraisi, jos oikeasti toteuttaisit muutoksen? Nämä ovat kysymyksiä, jotka usein askarruttavat monia.

Ennen kuin lähdet toteuttamaan mitään muutosta, varsinkaan mitään merkittävämpää, on ensin syytä pohtia hetki, onko tuo muutos ylipäätään tarpeellinen tai edes hyväksi sinulle. Paras tapa selvittää asia, on mennä mielessään katsomaan tulevaisuuteen ja nähdä ja kokea muutoksen seuraukset.

Toimi siis seuraavasti (lue ohjeet kokonaan ennen kuin teet tämän harjoitteen):

- Määrittele se muutos, jonka haluaisit tehdä.

- Määrittele se hetki, jolloin haluaisit, että tuo muutos on tehty (huomaa, että tämä ei sido sinua mihinkään – sinun ei ole pakko toteuttaa muutostasi tiettyyn päivämäärään mennessä).

- Ota muutama syvä hengitys, sulje silmäsi kevyesti ja rentoudu.

- Miellä eteesi se tulevaisuuden hetki, jolloin tuo muutos on toteutunut ja astu siihen hetkeen. Aivan fyysisesti, ota siis askel tai kaksi ja astu siihen tulevaisuuden hetkeen.

- Kun astut siihen hetkeen, näe mielessäsi, missä silloin olet. Mikä on se ympäristö, miltä siellä näyttää? Mikä siinä ympäristössä on muuttunut, nyt kun olet tehnyt tuon muutoksen? Mitkä asiat ovat nyt paremmin, onko jokin asia huonommin? Keitä muita siellä on? Miltä he näyttävät, mitä he tekevät? Miellä kaikki, mitä voit ympärilläsi nähdä niin hyvin ja aidosti kuin mahdollista.

- Pysyen edelleen siinä ympäristössä ja hetkessä, kiinnitä seuraavaksi huomiota siihen, mitä ääniä kuulet. Onko siellä lintujen laulua, aaltojen pauhua tai jotain muuta? Kuuluuko siellä ihmisten ääniä? Jos kuuluu, mitä he sanovat, mikä on heidän äänensävynsä? Sanotko kenties jotain itsellesi, joko ääneen tai mielessäsi? Jos sanot, niin mitä ja minkälaisella sävyllä?

- Pysyen edelleen tuossa ympäristössä ja hetkessä, kiinnitä huomiota mahdollisiin tuoksuihin tai makuihin. Onko siellä meren tuoksua tai samppanjan makua tai jotain muuta?

- Lopuksi, kiinnitä huomiosi tuntemuksiisi. Miltä sinusta nyt tuntuu, kun olet tehnyt tuon muutoksen? Missä päin kehoa tuo tunne on ja mikä se tunne on (onko se kihelmöintiä, lämpöä, kylmyyttä, painetta, tykytystä tai jotain ihan muuta)? Miten tuo tunne liikkuu kehossasi?

- Nyt kun koet tuon tilanteen kaikkien aistiesi avulla, pohdi hetki, mitä hyviä asioita tuo muutos tuo tullessaan:

  - Mitä hyvää siitä seuraa sinulle?

  - Mitä haittavaikutuksia siitä on sinulle?

  - Mitä hyvää siitä seuraa ympäristöllesi sekä muille ihmisille?

  - Mitä haittavaikutuksia siitä on ympäristöllesi ja/tai muille ihmisille?

- Kun olet pohtinut hetken näitä asioita ja olet valmis, voit taas ottaa askeleet takaisin sinne, missä alun alkujaan olit ja avata silmäsi.

Koettuasi mahdollisimman elävästi kaiken sen, mitä muutos tuo tullessaan, ota vielä eteesi kynä ja paperia ja kirjaa vastaukset muutamaan kysymykseen:

- Mitä **tapahtuu**, jos **toteutat** muutoksen?
- Mitä **tapahtuu**, jos **et tee** muutosta?
- Mitä **ei tapahdu/jää tapahtumatta**, jos **teet** muutoksen?
- Mitä **ei tapahdu/jää tapahtumatta**, jos **et tee** muutosta?

Kun nyt katsot ylös kirjaamiasi vastauksia, sinulle pitäisi olla hyvin selvää, kannattaako sinun toteuttaa tuo muutos. Jos toteat, että ei kannata, niin yksinkertaisesti unohda koko juttu tai sitten tee suunnittelemaasi muutokseen muutoksia ja tee harjoitus uudestaan. Jos taas toteat, että sinun kannattaa tuo muutos toteuttaa, niin toteuta se.

Miten muutos sitten toteutetaan?

Muutoksen toteutus riippuu luonnollisesti siitä, missä olet tällä hetkellä ja minne olet muutoksesi kanssa menossa. Tärkeintä on, että tiedät muutoksen olevan hyväksi sekä sinulle että ympäristöllesi ja sen sinä olet jo selvittänyt. Seuraava vaihe on tehdä muutokselle suunnitelma. Tähänkin on luonnollisesti monia eri tapoja. Tässä kuitenkin yksi varsin helppo ja toimiva:

- Palaa mielessäsi siihen hetkeen, kun olet toteuttanut muutoksen. Näe, mitä silloin näet; kuule, mitä silloin kuulet; tunne, miltä silloin tuntuu. Oikein koe se tilanne niin elävästi kuin vain pystyt.

- Seuraavaksi miellä jonkinlainen aikajana siten, että menneisyys on takanasi ja tulevaisuus edessäsi ja olet nyt siinä tulevaisuuden hetkessä, jolloin olet juuri tehnyt haluamasi muutoksen.

- Käänny ympäri ja katso menneisyyden aikajanaa tuosta tulevaisuuden hetkestä taaksepäin ja huomaa, mitä asioita on täytynyt tapahtua nykyhetken ja tuon tulevaisuuden hetken välillä, jotta olet saanut toteutettua tuon muutoksesi. Minkälaisia toimenpiteitä se on edellyttänyt? Keneen olet ollut yhteydessä, mistä olet hankkinut apua tai tietoa, minkälaisia konkreettisia askeleita olet ottanut? Merkkaa kaikki mieleesi tulevat asiat aikajanalle jollain tavoin.

- Kun olet merkannut aikajanallesi riittävästi asioita, käänny taas ympäri siten, että menneisyys on taas takanasi. Palauta vielä mieleesi, miltä näyttää, kuulostaa ja tuntuu, kun olet tehnyt muutoksen.

- Lähde kävelemään takaperin tuosta tulevaisuuden hetkestä kohti nykyhetkeä, pistäen merkille ne asiat, joita matkan varrella on tapahtunut ja jotka olet aikajanallesi merkannut.

- Kun pääset nykyhetken kohdalle, pysähdy. Nykyhetken kohdalla seisten, katso aikajanaa ja niitä asioita, joita tulet tekemään toteuttaessasi haluamasi muutoksen. Mikäli tarvetta esiintyy, tee vielä muutoksia tuohon suunnitelmaan.

- Kun olet tyytyväinen suunnitelmaasi, tee **päätös** suunnitelman ja muutoksen toteuttamisesta.

- Pistä merkille, mikä on ensimmäinen askeleesi ja päätä, milloin otat sen.

- Astu sivuun nykyhetken paikalta. Suunnitelmasi on valmis. On aika ryhtyä toteuttamaan haluamaasi muutosta.

Jos kaipaat lisää NLP-työkaluja muutoksen tekemiselle, erittäin tehokkaita sellaisia saat NLP:n peruskurssilta. NLP on muutoksen työkalu, jonka avulla voit poistaa mielesi rajoitteita haluamasi muutoksen tieltä ja toteuttaa muutoksesi. Mitä isommasta muutoksesta on kysymys, sitä enemmän NLP:stä on sinulle hyötyä.

Viisi syytä miksi (ainakin) yrittäjällä tulisi olla valmentaja

Tässä kirjassa on viitattu useampaan otteeseen mentoriin tai coachiin/valmentajaan. Vaikka tämä luku onkin suunnattu lähinnä yrittäjille, samat asiat pätevät kaikille meille, jotka haluamme nauttia elämästämme enemmän, menestyä paremmin työssämme tai tehdä työtä, jolla on merkitystä itsellemme ja muille.

Yrittäjänä oleminen on usein ympärivuorokautista työtä. Riippuen intohimostasi työtäsi kohtaan, se voi tuntua todella musertavalta työmäärältä tai se voi olla elämäsi täyttymys. Hyvä mentori tai valmentaja voi auttaa molemmissa tapauksissa.

Yrittäjältä puuttuvat usein ne massiiviset taustavoimat, joita suuren yrityksen johtajalla on käytettävissään käytännöllisesti katsoen välittömästi. Toisaalta, yrittäjä voi yleensä tehdä nopeitakin muutoksia toimintoihinsa vastatakseen markkinoiden vaatimuksiin.

Koska monelta yrittäjältä puuttuu johtoryhmän tuki ja sen mukanaan tuomat edut, hän joutuu usein työskentelemään rajoitetummilla voimavaroilla ja näkemyksillä. Mitä yrittäjä silloin tarvitsee, on mentori tai valmentaja, joka auttaa häntä saavuttamaan unelmansa. Alla on esiteltynä viisi hyvää syytä, miksi yrittäjällä – ja monella muullakin – tulisi olla oma mentori tai valmentaja:

1. **Hyvä valmentaja kysyy kysymyksiä**, jotka auttavat sinua laajentamaan näkemyksiäsi. Sinun ei tulisi katsoa asioita pelkästään omasta näkökulmastasi. Saadaksesi aikaan muutoksia, sinun tulee välttää ahdaskatseisuutta ja nähdä asiat

eri perspektiiveistä. Uudet näkökulmat antavat sinulle myös selkeän etulyöntiaseman kilpailijoihisi nähden.

2. Valmentaja voi osoittaa sinulle mistä hankkia lisää tietoa. Valmentaja ei ole henkilö, jolla on kaikki vastaukset hallussaan, mutta hyvän valmentajan tulee kyetä antamaan neuvoja ja ideoita tarvitsemiesi vastausten ja avun hankkimiseen. Sinun ei pitäisi viettää tuntikausia pohtien kysymyksiä, joihin asiantuntemuksesi ei riitä. Etsi sen sijaan joku, joka tietää paremmin.

3. Valmentaja voi auttaa sinua nauttimaan työstäsi enemmän. Omaatko intohimoa työtäsi kohtaan? Ryhdytkö joka päivä innoissasi töihisi? Hyvä valmentaja voi auttaa sinua löytämään kadoksissa olevan innostuksesi. Kun olet innoissasi työstäsi, saat aikaan enemmän ja aivoissasi vallitsevat positiiviset kemikaalit tuottavat parempia tuloksia.

4. Valmentaja on hyvä kaikupohja. Usein jo pelkästään se, että kerrot suunnitelmasi ja ideasi ääneen jollekin, joka kuuntelee ja ymmärtää, mistä puhut, auttaa sinua löytämään parhaat ratkaisut itse. Heittämällä väliin muutamia oikein kohdennettuja kysymyksiä, valmentaja voi auttaa sinua oivaltamaan ne vastaukset, jotka sinulla jo on tiedostamattomassa mielessäsi.

5. Hyvällä valmentajalla on paljon työkaluja. Mentorointi ja valmentaminen ei ole pelkästään kuuntelemista ja oikeiden kysymysten esittämistä. Mielestäni valmentajalla tulee olla myös todellisia työkaluja ja harjoitteita, joiden avulla saat aikaan todellista edistymistä. Joskus vain tarvitset oikeita välineitä ja vastauksia ongelmiisi, ja hyvä valmentaja antaa niitä sinulle. Tavalla tai toisella.

Jos olet yrittäjä ja sinulla ei vielä ole mentoria tai coachia, hanki sellainen. Oikeanlaisen valmentajan löytäminen juuri sinulle voi joskus kestää jonkin aikaa, mutta ilman oleminen voi tulla sinulle vielä paljon kalliimmaksi. Kysele muilta, pyydä referenssejä, tapaa mahdollinen valmentaja muutaman kerran. Tiedät kyllä, kun olet löytänyt sen oikean. Mutta hanki sellainen.

Kuusi vinkkiä itsensä kehittämiseen

Maailma ympärillämme kehittyy jatkuvasti. Vaikka et pitäisikään kaikkea kehitystä aina parempaan suuntaan menemisenä, tosiasia kuitenkin on, että koska jatkuva muutos on väistämätöntä, meidän tulee myös jatkuvasti kehittää itseämme, mikäli haluamme pysyä muun maailman vauhdissa.

Joskus saattaa myös tuntua suorastaan ylivoimaiselta elää nykymaailman vaatimusten mukaisesti. Monille meistä se todellakin on näin. Alla on kuitenkin – näin kirjan loppuluvuksi – muutama vinkki itsensä kehittämiseen, jotka eivät ylikuormita aivojasi ja joiden noudattaminen ei vie liian paljoa päivittäisestä ajankäytöstäsi. Seuraamalla näitä henkilökohtaisen kehittymisen vinkkejä voin taata, että pystyt selättämään ulkoisen maailman vaatimukset:

1. **Päätä, mitä todella haluat elämältäsi.** Juoksetko päivästä toiseen oravanpyörässä yrittäen sopeutua muiden ihmisten odotuksiin vai vietätkö aikaa sellaisten aktiviteettien parissa, jotka tuottavat sinulle mielihyvää ja tyydytystä? Kuten sanonta kuuluu: "Sinun *täytyy* tehdä jotain ainoastaan niin kauan, kunnes haluat. Kun haluat tehdä sitä, sinun ei enää *täydy* tehdä sitä." Tee siis sitä mikä antaa sinulle todellista tyydytystä eikä se enää edes tunnu työltä.

2. **Varmista, että tavoitteesi ovat positiivisia.** Kuvittele, että istahdat taksiin ja sanot kuljettajalle "vie minut pois täältä." Tietäisikö kuljettaja, minne viedä sinut? Hän olisi varmasti hämillään. Samoin, jos annat mielellesi vastaavan tehtävän, se olisi alkuun hämillään, mutta veisi sinut mitä todennäköisimmin

toiseen samanlaiseen ympäristöön kuin mistä lähditkin. Miksi? Koska se on tuttu ympäristö. Meidän mieltämme vetää puoleensa se, mikä on sille tuttua – vaikka se tietäisi, että se ei ole sinulle hyväksi. Pelkästään välttämällä joitain asioita et vielä ole määrittänyt mitä kohti haluat mennä. Listaa siis itsellesi asioita, joita haluat elämääsi, älä niitä asioita, joita et halua (tai tee niitä ainakin vähemmän).

3. **Tiedä tarkoituksesi.** "Tärkeämpää on tietää miksi kuin miten." Se, että sinulla on positiivinen tavoite, ei vielä riitä. Sinun tulee myös tietää, miksi haluat saavuttaa tuon tavoitteen. Tarkoitus antaa motivaation itsesi kehittämiselle. Kuten Anthony Robbins asian ilmaisee: "Ihmiset eivät ole laiskoja. Heillä on vain yksinkertaisesti velttoja tavoitteita – siis tavoitteita, jotka eivät inspiroi heitä."

4. **Opiskele NLP:tä.** NLP pitää sisällään nykyaikaisen tietämyksen siitä, miten aivot ja mieli toimivat. NLP-tekniikat perustuvat viimeisimpään tietoon ja ne ovat äärimmäisen tehokkaita tuottamaan sinulle juuri niitä muutoksia, joita sinun tarvitsee tehdä. Muista, että tekemällä samoja asioita samalla tavalla, voit saavuttaa ainoastaan samanlaisia tuloksia. Jos haluat saada aikaan toisenlaisia tuloksia, jonkin asian täytyy muuttua. Ja NLP:stä löytyy työkalut siihen muutokseen.

5. **Käytä enemmän aikaa siihen, mikä on sinulle tärkeää, mutta ei kiireellistä.** Kiinnitä huomiota ajankäyttöösi. Useimmat meistä käyttävät liian paljon aikaa asioihin, jotka ovat sekä tärkeitä että kiireellisiä ("sammuttavat tulipaloja", stressaavat) tai jotka eivät ole tärkeitä eivätkä kiireellisiä (laiskottelevat). Vaikka molemmat viimeksi mainitut ovat myös tärkeitä – sillä on asioita, jotka vain täytyy hoitaa ja sinun tulee myös ottaa aikaa ihan vain rentoutuaksesi – itsesi kehittäminen

tapahtuu ennen kaikkea silloin, kun teet asioita, jotka ovat sinulle tärkeitä, mutta eivät kiireellisiä. Lue siis inspiroivia kirjoja, opiskele, suunnittele, unelmoi... Ja muuta sellaista.

6. Hanki itsellesi mentori/mentoreita tai coach/coacheja.

Vaikka henkilökohtainen kehittymisesi koskeekin juuri sinua, tarvitset jonkun, joka osaa opastaa sinua. On erittäin vaikeaa – ellei peräti mahdotonta – pitää mieli jatkuvasti avoimena ja nähdä juuri se polku, jota seurata. Olemme elämämme aikana muodostaneet itsellemme uskomattoman määrän tapoja ja uskomuksia, jotka eivät enää palvele meitä kaikkein tarkoituksenmukaisimmilla tavoilla. Ilman pätevää mentoria tai coachia meidän on käytännöllisesti katsoen mahdotonta tunnistaa kaikkia noita rajoittavia tapoja ja uskomuksia. Ja vielä vaikeampaa saattaa olla niiden muuttaminen tarkoituksen-mukaisemmiksi ilman apua.

Noudata siis näitä ohjeita niin tulet takuuvarmasti huomaamaan merkittäviä parannuksia elämässäsi. Poikkeuksetta.

Lyhyesti NLP:stä

Tässä kirjassa on useampaan otteeseen mainittu termi NLP. NLP tulee sanoista Neuro-Linguistic Programming, eli neuro-lingvistinen ohjelmointi. Sana "neuro" viittaa tässä yhteydessä ihmisen neurologisiin prosesseihin, eli aivoissamme ja mielessämme tapahtuvaan tiedon käsittelyyn. "Lingvistinen" puolestaan viittaa puhuttuun kieleemme ja kehonkieleemme, joiden välityksellä me kommunikoimme sekä tietoisella että tiedostamattomalla tasolla. "Ohjelmoinnilla" tarkoitetaan ajattelumme rakennetta ja sitä, kuinka olemme ohjelmoineet itsemme ajattelemaan ja sen myötä toimimaan, sekä erityisesti sitä, kuinka voimme tiettyjä rakenteita muuttamalla saada aikaan parempia tuloksia

NLP:n kehittivät alunperin 1970-luvun alussa Richard Bandler ja John Grinder. Sykäyksenä NLP:n kehittämiselle oli Bandlerin havainnot psykologian ja eri terapiamuotojen kyvyttömyydestä tuoda käytännössä juuri minkäänlaista apua sitä tarvitseville ihmisille. Yhdessä Grinderin kanssa Bandler tutki ja mallinsi niitä terapeutteja, jotka muista poiketen jostain syystä onnistuivat saamaan aikaan positiivisia tuloksia. Tällaisia mallinnettavia terapeutteja olivat mm. Milton Ericksson, Virginia Satir sekä Fritz Perls.

Mallinnettuaan osaavia terapeutteja Bandler ja Grinder lähtivät mallintamaan myös muita omien alojensa huippuosaajia: olympiaurheilijoita, yritysjohtajia, "myyntitykkejä", taiteilijoita jne. Bandler ja Grinder huomasivat, että huippuosaajien tiedostamattomat taidot ja mielen strategiat voidaan mallintaa ja opettaa myös muille ihmisille. Syntyi ymmärrys siitä, miten ihmisen aivot toimivat ja miten ihmiset voidaan opettaa ajattelemaan ja toimimaan tavalla, joka on heille itselleen hyödyllisempää ja tarkoituksenmukaisempaa.

NLP:ssä kiinnostuksen kohteena eivät siis ole ongelmat ja niiden historia, vaan taito, taitavuus, onnistumiset sekä niiden rakenne. NLP on ennen kaikkea teknologia, jonka avulla saadaan aikaan toivottuja muutoksia.

Valitettavasti maailmalla on kuitenkin kaikenlaista koulututusta NLP:n nimellä. Olen valitettavasti tutustunut matkan varrella kaikenlaisiin NLP:n harjoittajiin ja jopa kouluttajiin, jotka ovat joko osaamisessaan jääneet NLP:n alkuaikojen tasolle tai jopa puhuvat NLP:stä jonain aivan muuna kuin mitä se oikeasti on. Internetissä voi mm. ostaa NLP Practitioner -kurssin muutamalla kymmenellä eurolla. Olen yhteen tällaiseenkin tutustunut ja valitettavasti minun täytyy sanoa, että kurssin opetuksen taso oli sanalla sanoen luokatonta.

Dr. Richard Bandler puolestaan on kiistatta NLP:n isä ja kehittäjä. Bandler on myös jo noin 50 vuoden ajan kehittänyt NLP:tä edelleen, minkä johdosta Bandlerin edustama NLP onkin nykyään myös paljon muuta ja enemmän kuin mistä se alun alkujaan lähti liikkeelle. Niinpä Bandlerin sertifioimat NLP:n harjoittajat ja kouluttajat ovat ainakin saaneet koulutuksensa NLP:n alkuperäiseltä – ja jatkuvalta – kehittäjältä. Varmasti on lukuisa joukko muitakin varsin päteviä NLP:n osaajia, mutta yllä esitetyn johdosta Bandlerin myöntämä sertifikaatti on mielestäni paras ja luotettavin tae NLP-osaamisesta. Toki on syytä muistaa, että pelkkä sertifikaatti tai lisenssi ei vielä tee ihmisestä ammattitaitoista. Sertifikaatti tai lisenssi on vain todistus siitä, että kyseinen henkilö on saanut asianmukaisen koulutuksen. Vasta opittujen taitojen menestyksekäs vienti käytäntöön sekä tietojen ja taitojen jatkuva päivittäminen ja kehittäminen todistavat todellisesta osaamisesta.

Koska maailmalla on siis kaikenlaisia nk. "NLP:n harjoittajia",
suosittelen lämpimästi, että varmistat käyttämäsi NLP-Coachin tai -
kouluttajan olevan itsensä NLP:n kehittäjän, Richard Bandlerin,
sertifioima. Muista kuitenkin, että vasta työskentely coachisi kanssa
osoittaa sitten lopullisesti, onko valintasi osoittautunut oikeaksi.

Lähdeluettelo lainauksille

(Tässä kirjassa olevat lainaukset on käännetty kirjan kirjoittajan toimesta.)

Richard Bandler: Get the Life You Want

Richard Bandler: Guide to Trance-formation

Richard Bandler & John LaValle: Persuasion Engineering

Richard Bandler & Garner Thomson: The Secrets of Being Happy

Shelle Rose Charvet: Words That Change Minds

Deepak Chopra: The Seven Spiritual Laws of Success

Terttu Grönfors & Trygve Roos: Mitä on NLP

Bill Harris: Thresholds of the Mind

Napoleon Hill: Think and Grow Rich

Paul McKenna: Change Your Life in Seven Days

Anders Piper: Shortcut to Flow

Bob Proctor: You Were Born Rich

Anthony Robbins: Unlimited Power

Bobbe Sommer: Psycho Cybernetics 2000

Kirjan kirjoittajasta

 Hannu Pirilä on perustamansa HPA Consulting Oy:n toimitusjohtaja ja omistaja sekä yhdessä Helsingin Itsepuolustuskoulu Oy:n (Hipkon) omistajan ja pääopettajan Timo Räkköläisen kanssa perustamansa Flow Mentaalivalmennuksen valmentaja ja pääkouluttaja.

Hannu on suorittanut mm. eMBA- (executive Master of Business Administration) ja restonomi- tutkinnot ja hän on IIB:n (Institute for Independent Business International) akkreditoima liikkeenjohdon asiantuntija sekä LAK ry:n (Liikkeenjohdon Asiantuntijakeskus) hallituksen jäsen. Hannu on lisäksi Licensed Trainer of NLP™, Licensed Master Practitioner of NLP™, Licensed NLP Coach™, Licensed Sports Performance Coach™, Licensed Business Master Practitioner of NLP™, Licensed LAB Profile™ Practitioner sekä Clinical Hypnotherapist.

Hannu työskentelee paitsi yrityskonsulttina ja yritysvalmentajana, myös NLP-kouluttajana, NLP-coachina, seminaarien ja muiden tilaisuuksien puhujana sekä urheilijoiden henkisenä valmentajana.

Yrityspuolella hän on konsultoinut niin yksittäisiä yrittäjiä kuin pörssiyhtiöitäkin. Urheilupuolella hän taasen on toiminut henkisenä valmentajana niin juniorikoripalloilijoille kuin ammattijalka-palloilijoillekin, niin harrastajatennispelaajalle kuin vapaaottelun maailmanmestarillekin. Tämän lisäksi Hannu on auttanut lukuisia ihmisiä mm. pääsemään eroon lentopelosta, lopettamaan tupakoinnin, laihtumaan sekä tekemään muita merkittäviä muutoksia elämänlaatunsa parantamiseksi.

Hannu on opiskellut mm. sellaisten maailmankuulujen henkilökohtaisen kehittymisen mestareiden opissa kuten Dr. Richard Bandler, John LaValle, Bill Harris ja Bob Proctor. Hannu toimii myös säännöllisesti NLP:n kehittäjän Dr. Richard Bandlerin seminaareissa avustavien kouluttajien tiimissä Orlandossa USA:ssa ja Lontoossa Englannissa.

Hannun missiona on valmentaa ihmisiä ja yrityksiä henkiseen hyvinvointiin ja menestykseen.

Hannu Pirilän internetsivut sekä yhteystiedot löydät osoitteista:

www.mentaalivalmennus.fi

www.hpaconsulting.fi

www.hannupirila.com